PRÉFACE

La collection de guides de conversation "Tout ira bien!", publié par T&P Books, est conçue pour les gens qui voyagent par affaire ou par plaisir. Les guides de conversations contiennent le plus important - l'essentiel pour la communication de base. Il s'agit d'une série indispensable de phrases pour survivre à l'étranger.

Ce guide de conversation vous aidera dans la plupart des cas où vous devez demander quelque chose, trouver une direction, découvrir le prix d'un souvenir, etc. Il peut aussi résoudre des situations de communication difficile lorsque la gesticulation n'aide pas.

Ce livre contient beaucoup de phrases qui ont été groupées par thèmes. Vous trouverez aussi un petit dictionnaire de plus de 1500 mots importants et utiles.

Emmenez avec vous un guide de conversation "Tout ira bien!" sur la route et vous aurez un compagnon de voyage irremplaçable qui vous aidera à vous sortir de toutes les situations et vous enseignera à ne pas avoir peur de parler aux étrangers.

TABLE DES MATIÈRES

T&P Books Publishing

Collection de guides de conversation
"Tout ira bien!"

T&P Books Publishing

GUIDE DE CONVERSATION
— DANOIS —

LES PHRASES LES PLUS UTILES

Ce guide de conversation contient les phrases et les questions les plus communes et nécessaires pour communiquer avec des étrangers

Par Andrey Taranov

T&P BOOKS

Guide de conversation + dictionnaire de 1500 mots

Guide de conversation Français-Danois et dictionnaire concis de 1500 mots

Par Andrey Taranov

La collection de guides de conversation "Tout ira bien!", publiée par T&P Books, est conçue pour les gens qui voyagent par affaire ou par plaisir. Les guides contiennent l'essentiel pour la communication de base. Il s'agit d'une série indispensable de phrases pour "survivre" à l'étranger.

Une autre section du livre contient un petit dictionnaire de plus de 1500 mots les plus utilisés. Le dictionnaire inclut beaucoup de termes gastronomiques et peut être utile lorsque vous faites le marché ou commandez des plats au restaurant.

T&P Books Publishing
www.tpbooks.com

ISBN: 978-1-78616-777-4

Ce livre existe également en format électronique.
Pour plus d'informations, veuillez consulter notre site: www.tpbooks.com
ou rendez-vous sur ceux des grandes librairies en ligne.

PRONONCIATION

Lettre	Exemple en danois	Alphabet phonétique T&P	Exemple en français
Aa	Afrika, kompas	[æ], [a], [ɑː]	reine, casque
Bb	barberblad	[b]	bureau
Cc	cafe, creme	[k]	bocal
Cc [1]	koncert	[s]	syndicat
Dd	direktør	[d]	document
Dd [2]	facade	[ð]	consonne fricative dentale voisée
Ee	belgier	[e], [ə]	vers
Ee [3]	elevator	[ɛ]	faire
Ff	familie	[f]	formule
Gg	mango	[g]	gris
Hh	høne, knurhår	[h]	[h] aspiré
Ii	kolibri	[i], [iː]	faillite
Jj	legetøj	[j]	maillot
Kk	leksikon	[k]	bocal
Ll	leopard	[l]	vélo
Mm	marmor	[m]	minéral
Nn	natur, navn	[n]	ananas
ng	omfang	[ŋ]	parking
nk	punktum	[ŋ]	parking
Oo	fortov	[o], [ɔ]	normal
Pp	planteolie	[p]	panama
Qq	sequoia	[k]	bocal
Rr	seriøs	[ʁ]	R vibrante
Ss	selskab	[s]	syndicat
Tt	strøm, trappe	[t]	tennis
Uu	blæksprutte	[uː]	tour
Vv	børnehave	[ʊ]	verdure
Ww	whisky	[w]	iguane
Xx	Luxembourg	[ks]	taxi
Yy	lykke	[y], [ø]	rubis, deux

Lettre	Exemple en danois	Alphabet phonétique T&P	Exemple en français
Zz	Venezuela	[s]	syndicat
Ææ	ærter	[ɛ], [ɛ:]	arène
Øø	grønsager	[ø], [œ]	creuser
Åå	åbent, afgå	[ɔ], [o:]	salut, total

Remarques

[1] devant **e**, **i**
[2] après une voyelle accentuée
[3] au début d'un mot

LISTE DES ABRÉVIATIONS

Abréviations en français

adj	-	adjective
adv	-	adverbe
anim.	-	animé
conj	-	conjonction
dénombr.	-	dénombrable
etc.	-	et cetera
f	-	nom féminin
f pl	-	féminin pluriel
fam.	-	familiar
fem.	-	féminin
form.	-	formal
inanim.	-	inanimé
indénombr.	-	indénombrable
m	-	nom masculin
m pl	-	masculin pluriel
m, f	-	masculin, féminin
masc.	-	masculin
math	-	mathematics
mil.	-	militaire
pl	-	pluriel
prep	-	préposition
pron	-	pronom
qch	-	quelque chose
qn	-	quelqu'un
sing.	-	singulier
v aux	-	verbe auxiliaire
v imp	-	verbe impersonnel
vi	-	verbe intransitif
vi, vt	-	verbe intransitif, transitif
vp	-	verbe pronominal
vt	-	verbe transitif

Abréviations en danois

f	-	genre commun
f pl	-	genre commun pluriel

i	-	neutre
i pl	-	neutre pluriel
i, f	-	neutre, genre commun
ngn.	-	quelqu'un
pl	-	pluriel

T&P BOOKS

GUIDE DE CONVERSATION DANOIS

Cette section contient
des phrases importantes
qui peuvent être utiles dans
des situations courantes.
Le guide vous aidera
à demander des directions,
clarifier le prix, acheter
des billets et commander
des plats au restaurant

T&P Books Publishing

CONTENU DU GUIDE
DE CONVERSATION

T&P Books Publishing

Excusez-moi, ...

Undskyld, ...
['ɔnˌskyl', ...]

Bonjour

Hej.
['hɑj]

Merci

Tak.
[tɑk]

Au revoir

Farvel.
[fɑ'vɛl]

Oui

Ja.
['jæ]

Non

Nej.
[nɑj']

Je ne sais pas.

Jeg ved det ikke.
[jɑj ve de 'ekə]

Où? | Où? | Quand?

Hvor? | Hvorhen? | Hvornår?
['vɒ'? | 'vɒ'ˌhɛn? | vɒ'nɒ'?]

J'ai besoin de ...

Jeg har brug for ...
[jɑ hɑ' 'bʁu' fə ...]

Je veux ...

Jeg vil ...
[jɑj ve ...]

Avez-vous ... ?

Har du ...?
['hɑ' du ...?]

Est-ce qu'il y a ... ici?

Er der en ... her?
[æɐ̯ 'dɛ'ɐ̯ en ... hɛ'ɐ̯?]

Puis-je ... ?

Må jeg ...?
[mɔ' jɑ ...?]

s'il vous plaît (pour une demande)

... venligst
[... 'vɛnlist]

Je cherche ...

Jeg leder efter ...
[jɑ 'leːðə 'ɛftʌ ...]

les toilettes

toilet
[toa'lɛt]

un distributeur

udbetalingsautomat
[uð'be'tæ'leŋs ɑwto'mæ't]

une pharmacie

apotek
[ɑpo'te'k]

l'hôpital

hospital
[hɔspi'tæ'l]

le commissariat de police

politistation
[poli'ti sta'ɕo'n]

une station de métro

metro
['meːtʁo]

un taxi	**taxi** ['tɑksi]
la gare	**togstation** ['tɔw staˈɕoˀn]

Je m'appelle …	**Mit navn er …** [mit 'nɑwˀn 'æɡ̊ …]
Comment vous appelez-vous?	**Hvad er dit navn?** ['vað 'æɡ̊ dit nɑwˀn?]
Aidez-moi, s'il vous plaît.	**Kan du hjælpe mig?** ['kan du 'jɛlpə mɑj?]
J'ai un problème.	**Jeg har fået et problem.** [jɑ hɑˀ fɒˀ et pʁoˈbleˀm]
Je ne me sens pas bien.	**Jeg føler mig dårlig.** [jɑ 'føːlɛ mɑj 'dɒːli]
Appelez une ambulance!	**Ring efter en ambulance!** ['ʁɛŋə 'ɛftʌ en ambuˈlɑŋsə]
Puis-je faire un appel?	**Må jeg foretage et opkald?** [mɒˀ jɑ 'fɒːɒˌtæˀ et 'ʌpkalˀ?]

Excusez-moi.	**Det er jeg ked af.** [de 'æɡ̊ jɑ 'keðˀ æˀ]
Je vous en prie.	**Selv tak.** [sɛlˀ tak]

je, moi	**Jeg, mig** [jɑj, mɑj]
tu, toi	**du** [du]
il	**han** [han]
elle	**hun** [hun]
ils	**de** [di]
elles	**de** [di]
nous	**vi** [vi]
vous	**I, De** [I, di]
Vous	**De** [di]

ENTRÉE	**INDGANG** ['enˌgɑŋˀ]
SORTIE	**UDGANG** ['uðˌgɑŋˀ]
HORS SERVICE | EN PANNE	**UDE AF DRIFT** ['uːðə æˀ 'dʁɛft]
FERMÉ	**LUKKET** ['lɔkəð]

OUVERT	**ÅBEN** ['ɔ:bən]
POUR LES FEMMES	**TIL KVINDER** [te 'kvenʌ]
POUR LES HOMMES	**TIL MÆND** [te 'mɛnˀ]

Questions

Où? (lieu)

Hvor?
['vɒˀ?]

Où? (direction)

Hvorhen?
['vɒˀˌhɛn?]

D'où?

Hvorfra?
['vɒˀˌfʁɑˀ?]

Pourquoi?

Hvorfor?
['vɔfʌ?]

Pour quelle raison?

Af hvilken grund?
[æˀ 'velkən 'gʁɒnˀ?]

Quand?

Hvornår?
[vɒ'nɒˀ?]

Combien de temps?

Hvor længe?
[vɒˀ 'lɛŋə?]

À quelle heure?

På hvilket tidspunkt?
[pɔ 'velkəð 'tiðspɔŋˀt?]

C'est combien?

Hvor meget?
[vɒˀ 'mɑɑð?]

Avez-vous ... ?

Har du ...?
['hɑˀ du ...?]

Où est ..., s'il vous plaît?

Hvor er ...?
[vɒˀ 'æɐ̯ ...?]

Quelle heure est-il?

Hvad er klokken?
['vað 'æɐ̯ 'klʌkən?]

Puis-je faire un appel?

Må jeg foretage et opkald?
[mɔˀ jɑ 'fɔːɒˌtæˀ et 'ʌpkalˀ?]

Qui est là?

Hvem der?
[vɛm 'dɛˀɐ̯?]

Puis-je fumer ici?

Må jeg ryge her?
[mɔˀ jɑ 'ʁyːə 'hɛˀɐ̯?]

Puis-je ...?

Må jeg ...?
[mɔˀ jɑ ...?]

Besoins

Je voudrais ...
Jeg vil gerne ...
[jɑj ve 'gæɐ̯nə ...]

Je ne veux pas ...
Jeg ønsker ikke ...
[ja 'ønskɐ 'ekə ...]

J'ai soif.
Jeg er tørstig.
['jɑj 'æɐ̯ 'tœɐ̯sti]

Je veux dormir.
Jeg ønsker at sove.
[ja 'ønskɐ ʌ 'sɒwə]

Je veux ...
Jeg vil ...
[jɑj ve ...]

me laver
at vaske
[ʌ 'vaskə]

brosser mes dents
at børste mine tænder
[ʌ 'bœɐ̯stə 'miːnə 'tɛnʌ]

me reposer un instant
at hvile en stund
[ʌ 'viːlə en 'stonʔ]

changer de vêtements
at klæde mig om
[ʌ 'klɛʔ 'mɑj ʌm]

---

retourner à l'hôtel
at gå tilbage til hotellet
[ʌ 'gɔʔ te'bæːjə te ho'tɛlʔəð]

acheter ...
at købe ...
[ʌ 'køːbə ...]

aller à ...
at gå til ...
[ʌ 'gɔ te ...]

visiter ...
at besøge ...
[ʌ be'søʔjə ...]

rencontrer ...
at mødes med ...
[ʌ 'møːðəs mɛ ...]

faire un appel
at foretage et opkald
[ʌ 'fɒːɒˌtæʔ et 'ʌpkalʔ]

Je suis fatigué /fatiguée/
Jeg er træt.
['jɑj 'æɐ̯ 'tʁat]

Nous sommes fatigués /fatiguées/
Vi er trætte.
['vi 'æɐ̯ 'tʁatə]

J'ai froid.
Jeg fryser.
[ja 'fʁyːsʌ]

J'ai chaud.
Jeg har det varmt.
[ja hɑʔ de 'vɑʔmt]

Je suis bien.
Jeg er OK.
['jɑj 'æɐ̯ ɔw'kɛj]

Il me faut faire un appel.

Jeg har brug for at foretage et opkald.
[ja haˀ 'bʁuˀ fə ʌ 'fɔːɔˌtæˀ et 'ʌpkalˀ]

J'ai besoin d'aller aux toilettes.

Jeg har brug for at gå på toilettet.
[ja haˀ 'bʁuˀ fə ʌ gɔˀ pɔ toa'lɛət]

Il faut que j'aille.

Jeg er nødt til at gå.
['jaj 'æɐ̯ nøˀt te ʌ gɔˀ]

Je dois partir maintenant.

Jeg er nødt til at gå nu.
['jaj 'æɐ̯ nøˀt te ʌ gɔˀ nu]

Comment demander la direction

Excusez-moi, ...

Undskyld, ...
['ɔnˌskyl', ...]

Où est ..., s'il vous plaît?

Hvor er ...?
[vɒ' 'æɐ̯ ...?]

Dans quelle direction est ... ?

Hvilken vej er ...?
['velkən 'vaj' 'æɐ̯ ...?]

Pouvez-vous m'aider, s'il vous plaît ?

Er du sød at hjælpe mig?
[æɐ̯ du 'søð' ʌ 'jɛlpə maj?]

Je cherche ...

Jeg leder efter ...
[ja 'le:ðə 'ɛftʌ ...]

La sortie, s'il vous plaît?

Jeg leder efter udgangen.
[ja 'le:ðə 'ɛftʌ 'uðˌgaŋən]

Je vais à ...

Jeg har tænkt mig at ...
[ja ha' 'tɛŋkt maj ʌ ...]

C'est la bonne direction pour ...?

Går jeg den rigtige vej til ...?
[gɒ' ja dən 'ʁɛgtiə vaj' te ...?]

C'est loin?

Er det langt væk?
[æɐ̯ de 'laŋ't vɛk?]

Est-ce que je peux y aller à pied?

Kan jeg komme derhen til fods?
['kan' ja 'kʌmə 'dɛ'ɐ̯'hɛn te 'fo'ðs?]

Pouvez-vous me le montrer sur la carte?

Kan du vise mig på kortet?
['kan du 'vi:sə maj pɒ 'kɒ:təð?]

Montrez-moi où sommes-nous, s'il vous plaît.

Vis mig, hvor vi er lige nu.
['vi's maj, vɒ' vi 'æɐ̯ 'li:ə nu]

Ici

Her
['hɛ'ɐ̯]

Là-bas

Der
[dɛ'ɐ̯]

Par ici

Denne vej
['dɛnə vaj']

Tournez à droite.

Drej til højre.
[dʁaj' te 'hʌjʁʌ]

Tournez à gauche.

Drej til venstre.
[dʁaj' te 'vɛnstʁʌ]

Prenez la première (deuxième, troisième) rue.

første (anden, tredje) vej
['fœɐ̯stə ('anən, 'tʁɛðjə) vaj']

à droite

til højre
[te 'hʌjʁʌ]

à gauche

til venstre
[te 'vɛnstʁʌ]

Continuez tout droit.

Gå ligeud.
['gɔ' 'li:ə'uð']

Affiches, Pancartes

BIENVENUE!	**VELKOMMEN!** ['vɛlˌkʌmˀən]
ENTRÉE	**INDGANG** ['enˌgɑŋˀ]
SORTIE	**UDGANG** ['uðˌgɑŋˀ]
POUSSEZ	**SKUB** [skɔb]
TIREZ	**TRÆK** ['tʁak]
OUVERT	**ÅBEN** ['ɔ:bən]
FERMÉ	**LUKKET** ['lɔkəð]
POUR LES FEMMES	**TIL KVINDER** [te 'kvenʌ]
POUR LES HOMMES	**TIL MÆND** [te 'mɛnˀ]
MESSIEURS (m)	**MÆND** [mɛnˀ]
FEMMES (f)	**KVINDER** ['kvenʌ]
RABAIS | SOLDES	**UDSALG** ['uðˌsalˀ]
PROMOTION	**RESTSALG** ['ʁast ˌsalˀ]
GRATUIT	**GRATIS** ['gʁɑ:tis]
NOUVEAU!	**NYT!** [nyt]
ATTENTION!	**OBS!** [ʌbs]
COMPLET	**ALT OPTAGET** ['alˀt 'ʌpˌtæˀəð]
RÉSERVÉ	**RESERVERET** [ʁɛsæɐ̯'veˀʌð]
ADMINISTRATION	**ADMINISTRATION** [aðministʁɑ'ɕoˀn]
PERSONNEL SEULEMENT	**KUN PERSONALE** [kɔn pæɐ̯so'næ:lə]

ATTENTION AU CHIEN!	**PAS PÅ HUNDEN!** [pas pɔ 'hunən]
NE PAS FUMER!	**RYGNING FORBUDT!** ['ʁyːneŋ fʌ'byˀd]
NE PAS TOUCHER!	**RØR IKKE!** ['ʁɶˀɐ 'ekə]
DANGEREUX	**FARLIGT** ['fɑːlit]
DANGER	**FARE** ['fɑːɑ]
HAUTE TENSION	**STÆRKSTRØM** ['stæɐ̯k 'stʁɶmˀ]
BAIGNADE INTERDITE!	**SVØMNING FORBUDT!** ['svɶmnen fʌ'byˀt]

HORS SERVICE | EN PANNE	**UDE AF DRIFT** ['uːðə æˀ 'dʁɛft]
INFLAMMABLE	**BRANDFARLIG** ['bʁɑnˌfɑːli]
INTERDIT	**FORBUDT** [fʌ'byˀt]
ENTRÉE INTERDITE!	**ADGANG FORBUDT!** ['aðˌgɑŋˀ fʌ'byˀð]
PEINTURE FRAÎCHE	**VÅD MALING** ['vɔˀð 'mæːlen]

FERMÉ POUR TRAVAUX	**LUKKET PGA. RENOVERING** ['lɔkəð pɔˀ 'gʁɑnˀ a ʁɛno've'ˀɐ̯eŋ]
TRAVAUX EN COURS	**ARBEJDE FORUDE** ['ɑːˌbɑjˀdə 'fɔːˌuːðə]
DÉVIATION	**OMKØRSEL** [ɒm'kø̞ɐ̯səl]

Transport - Phrases générales

avion	**fly** [fly']
train	**tog** ['tɔ'w]
bus, autobus	**bus** [bus]
ferry	**færge** ['fæɐ̯wə]
taxi	**taxi** ['tɑksi]
voiture	**bil** [bi'l]

horaire	**køreplan** ['kø:ʌˌplæ'n]
Où puis-je voir l'horaire?	**Hvor kan jeg se køreplanen?** [vɒ' kan jɑ se' 'kø:ʌˌplæ'nən?]
jours ouvrables	**hverdage** ['væɐ̯ˌdæ'ə]
jours non ouvrables	**weekender** ['wi:ˌkɛndʌ]
jours fériés	**helligdage** ['hɛliˌdæ'ə]

DÉPART	**AFGANG** ['ɑwˌgɑŋ']
ARRIVÉE	**ANKOMST** ['anˌkʌm'st]
RETARDÉE	**FORSINKET** [fə'seŋ'kəð]
ANNULÉE	**AFLYST** ['ɑwˌly'st]

prochain (train, etc.)	**næste** ['nɛstə]
premier	**første** ['fœɐ̯stə]
dernier	**sidste** ['sistə]

À quelle heure est le prochain ...?	**Hvornår er den næste ...?** [vɒ'nɒ' 'æɐ̯ dən 'nɛstə ...?]
À quelle heure est le premier ...?	**Hvornår er den første ...?** [vɒ'nɒ' 'æɐ̯ dən 'fœɐ̯stə ...?]

À quelle heure est le dernier ...?

Hvornår er den sidste ...?
[vɒˈnɒˀ ˈæɡ dən ˈsistə ...?]

correspondance

skift
[ˈskift]

prendre la correspondance

at skifte
[ʌ ˈskiftə]

Dois-je prendre la correspondance?

Behøver jeg at skifte?
[beˈhøˀvə ˈjɑj ʌ ˈskiftə?]

Acheter un billet

Où puis-je acheter des billets?	**Hvor kan jeg købe billetter?** [vɒˀ kan ja 'køːbe biˈlɛtʌ?]
billet	**billet** [biˈlɛt]
acheter un billet	**at købe en billet** [ʌ 'køːbe en biˈlɛt]
le prix d'un billet	**billetpris** [biˈlɛtˌpʁiˀs]
Pour aller où?	**Hvorhen?** ['vɒˀˌhɛn?]
Quelle destination?	**Til hvilken station?** [te 'velkən staˈɕoˀn?]
Je voudrais ...	**Jeg har brug for ...** [ja hɑˀ 'bʁuˀ fe ...]
un billet	**én billet** [en biˈlɛt]
deux billets	**to billetter** [toˀ biˈlɛtʌ]
trois billets	**tre billetter** ['tʁɛˀ biˈlɛtʌ]
aller simple	**enkelt** ['ɛŋˀˀkəlt]
aller-retour	**retur** [ʁɛ'tuɐˀ]
première classe	**første klasse** ['fœɐ̯stə 'klasə]
classe économique	**anden klasse** ['anən 'klasə]
aujourd'hui	**i dag** [i 'dæˀ]
demain	**i morgen** [i 'mɒːɒn]
après-demain	**i overmorgen** [i 'ɒwʌˌmɒːɒn]
dans la matinée	**om morgenen** [ʌm 'mɒːɒnən]
l'après-midi	**om eftermiddagen** [ʌm 'ɛftʌmeˌdæˀən]
dans la soirée	**om aftenen** [ʌm 'aftənən]

siège côté couloir

gangplads
['gaŋplas]

siège côté fenêtre

vinduesplads
['vendus 'plas]

C'est combien?

Hvor meget?
[vɒʔ 'maað?]

Puis-je payer avec la carte?

Kan jeg betale med kreditkort?
['kanʔ ja be'tæʔlə mɛ kʁɛ'dit kɒːt?]

L'autobus

bus, autobus	**bus** [bus]
autocar	**rutebil** ['ʁu:tə‚bi'l]
arrêt d'autobus	**busstoppested** ['bus‚stɒpəstɛð]
Où est l'arrêt d'autobus le plus proche?	**Hvor er det nærmeste busstoppested?** [vɒ' 'æɐ̯ de 'næɐ̯məstə 'bus‚stɒpəstɛð?]
numéro	**nummer** ['nɔm'ʌ]
Quel bus dois-je prendre pour aller à ...?	**Hvilken bus skal jeg tage for at komme til ...?** ['velkən bus skal' ja 'tæ'ə fə ʌ 'kʌmə te ...?]
Est-ce que ce bus va à ...?	**Kører denne bus til ...?** ['kø:ɐ̯ 'dɛnə bus te ...?]
L'autobus passe tous les combien?	**Hvor hyppigt kører busserne?** [vɒ' 'hypit 'kø:ɐ̯ 'busɐ̯nə?]
chaque quart d'heure	**hvert kvarter** ['vɛ'ɐ̯t kvɑ'te'ɐ̯]
chaque demi-heure	**hver halve time** ['vɛɐ̯ hal'və 'ti:mə]
chaque heure	**hver time** ['vɛɐ̯ 'ti:mə]
plusieurs fois par jour	**flere gange om dagen** ['fle:ʌ 'gɑŋə ʌm 'dæ'ən]
... fois par jour	**... gange om dagen** [... 'gɑŋə ʌm 'dæ'ən]
horaire	**køreplan** ['kø:ʌ‚plæ'n]
Où puis-je voir l'horaire?	**Hvor kan jeg se køreplanen?** [vɒ' kan ja se' 'kø:ʌ‚plæ'nən?]
À quelle heure passe le prochain bus?	**Hvornår kører den næste bus?** [vɒ'nɒ' 'kø:ɐ̯ dən 'nɛstə bus?]
À quelle heure passe le premier bus?	**Hvornår kører den første bus?** [vɒ'nɒ' 'kø:ɐ̯ dən 'fœɐ̯stə bus?]
À quelle heure passe le dernier bus?	**Hvornår kører den sidste bus?** [vɒ'nɒ' 'kø:ɐ̯ dən 'sistə bus?]

arrêt	**stop** ['stʌp]
prochain arrêt	**næste stop** ['nɛstə 'stʌp]
terminus	**sidste stop** ['sistə 'stʌp]
Pouvez-vous arrêter ici, s'il vous plaît.	**Stop her, tak.** ['stʌp 'hɛ'ɐ̯, tɑk]
Excusez-moi, c'est mon arrêt.	**Undskyld, det er mit stop.** ['ɔnˌskyl', de 'æɐ̯ mit 'stʌp]

Train

train	**tog** ['tɔˀw]
train de banlieue	**regionaltog** [ʁɛgjoˈnæˀl tɔˀw]
train de grande ligne	**intercitytog** [entʌˈsiti tɔˀw]
la gare	**togstation** ['tɔw staˈɕoˀn]
Excusez-moi, où est la sortie vers les quais?	**Undskyld, hvor er udgangen til perronen?** ['ɔnˌskylˀ, vɒˀ 'æɐ̯ 'uðˌgɑŋən te paˈʁʌŋən?]
Est-ce que ce train va à …?	**Kører dette tog til …?** ['køːɐ̯ 'dɛtə tɔˀw te …?]
le prochain train	**næste tog** ['nɛstə 'tɔˀw]
À quelle heure est le prochain train?	**Hvornår afgår det næste tog?** [vɒˈnɒˀ 'awˌgɔˀ de 'nɛstə tɔˀw?]
Où puis-je voir l'horaire?	**Hvor kan jeg se køreplanen?** [vɒˀ kan ja seˀ 'køːʌˌplæˀnən?]
De quel quai?	**Fra hvilken perron?** [ˌfʁɑˀ 'velkən paˈʁʌŋ?]
À quelle heure arrive le train à …?	**Hvornår ankommer toget til …?** [vɒˈnɒˀ 'anˌkʌmʌ 'tɔˀwəð te …?]
Pouvez-vous m'aider, s'il vous plaît?	**Vær sød at hjælpe mig.** ['vɛɐ̯ˀ 'søðˀ ʌ 'jɛlpə mɑj]
Je cherche ma place.	**Jeg leder efter min plads.** [ja 'leːðə 'ɛftʌ min plas]
Nous cherchons nos places.	**Vi leder efter vores pladser.** ['vi 'leːðə 'ɛftʌ 'vɒɒs 'plasʌ]
Ma place est occupée.	**Min plads er taget.** [min 'plas 'æɐ̯ 'tæəð]
Nos places sont occupées.	**Vore pladser er taget.** ['vɒːɒ 'plasʌ 'æɐ̯ 'tæəð]
Excusez-moi, mais c'est ma place.	**Jeg beklager, men dette er min plads.** [ja beˈklæˀjə, mɛn 'dɛtə 'æɐ̯ min 'plas]
Est-ce que cette place est libre?	**Er denne plads taget?** [æɐ̯ 'dɛnə plas 'tæəð?]
Puis-je m'asseoir ici?	**Må jeg sidde her?** [mɔˀ ja 'seðə 'hɛˀɐ̯?]

Sur le train - Dialogue (Pas de billet)

Votre billet, s'il vous plaît.

Billet, tak.
[bi'lɛt, tɑk]

Je n'ai pas de billet.

Jeg har ikke nogen billet.
[ja hɑ' 'ekə 'noən bi'lɛt]

J'ai perdu mon billet.

Jeg har mistet min billet.
[ja hɑ' 'mestəð min bi'lɛt]

J'ai oublié mon billet à la maison.

Jeg har glemt min billet derhjemme.
[ja hɑ' 'glɛmt min bi'lɛt dɑ'jɛmə]

Vous pouvez m'acheter un billet.

Du kan købe en billet af mig.
[du kan 'kø:bə en bi'lɛt æ' maj]

Vous devrez aussi payer une amende.

**Du bliver også nødt
til at betale en bøde.**
[du 'bliɐ' 'ʌsə nø't
te ʌ be'tæ'lə en 'bø:ðə]

D'accord.

OK.
[ɔw'kɛj]

Où allez-vous?

Hvor skal du hen?
[vɒ' skal' du hɛn?]

Je vais à …

Jeg har tænkt mig at …
[ja hɑ' 'tɛŋkt maj ʌ …]

Combien? Je ne comprend pas.

Hvor meget? Jeg forstår det ikke.
[vɒ' 'maað? ja fə'stɐ de 'ekə]

Pouvez-vous l'écrire, s'il vous plaît.

Skriv det ned, tak.
['skʁiw' de neð', tɑk]

D'accord. Puis-je payer avec la carte?

OK. Kan jeg betale med kreditkort?
[ɔw'kɛj. kan ja be'tæ'lə mɛ kʁɛ'dit kɒ:t?]

Oui, bien sûr.

Ja, det kan du godt.
['jæ, de kan du 'gʌt]

Voici votre reçu.

Her er din kvittering.
['hɛ'ɐ̯ 'æɐ̯ din kvi'te'ɐ̯en]

Désolé pour l'amende.

Undskyld bøden.
['ɔn,skyl' 'bø:ðən]

Ça va. C'est de ma faute.

Det er OK. Det var min skyld.
[de 'æɐ̯ ɔw'kɛj. de vɑ min skyl']

Bon voyage.

Nyd turen.
[nyð 'tuɐ̯n]

Taxi

taxi	**taxi** ['tɑksi]
chauffeur de taxi	**taxichauffør** ['tɑksi ɕoˈføˀɐ̯]
prendre un taxi	**at få fat i en taxi** [ʌ fɔˀ fat i en 'tɑksi]
arrêt de taxi	**taxiholdeplads** ['tɑksi 'hʌlə̩plas]
Où puis-je trouver un taxi?	**Hvor kan jeg finde en taxi?** [vɒˀ kan jɑj ˈfenə en 'tɑksi?]
appeler un taxi	**at ringe efter en taxi** [ʌ 'ʁɛŋə 'ɛftʌ en 'tɑksi]
Il me faut un taxi.	**Jeg har brug for en taxi.** [jɑ hɑˀ 'bʁuˀ fə en 'tɑksi]
maintenant	**Lige nu.** ['liːə 'nu]
Quelle est votre adresse?	**Hvad er din adresse?** ['vað 'æɐ̯ din aˈdʁasə?]
Mon adresse est ...	**Min adresse er ...** [min aˈdʁasə 'æɐ̯ ...]
Votre destination?	**Hvor skal du hen?** [vɒˀ skalˀ du hɛn?]
Excusez-moi, ...	**Undskyld, ...** ['ɔn̩skylˀ, ...]
Vous êtes libre ?	**Er du ledig?** [æɐ̯ du 'leːðiˀ?]
Combien ça coûte pour aller à ...?	**Hvor meget koster det at komme til ...?** [vɒˀ 'mɑɑð 'kʌstɐ de ʌ 'kʌmə te ...?]
Vous savez où ça se trouve?	**Ved du, hvor det er?** [ve du, vɒˀ de 'æɐ̯?]
À l'aéroport, s'il vous plaît.	**Lufthavnen, tak.** ['lɔft̩hawˀnən, tɑk]
Arrêtez ici, s'il vous plaît.	**Stop her, tak.** ['stʌp 'hɛˀɐ̯, tɑk]
Ce n'est pas ici.	**Det er ikke her.** [de 'æɐ̯ 'ekə 'hɛˀɐ̯]
C'est la mauvaise adresse.	**Det er den forkerte adresse.** [de 'æɐ̯ dən fəˈkeɐ̯ˀtə aˈdʁasə]

tournez à gauche	**Drej til venstre.** [dʁɑjʔ te 'vɛnstʁʌ]
tournez à droite	**Drej til højre.** [dʁɑjʔ te 'hʌjʁʌ]

Combien je vous dois?	**Hvor meget skylder jeg dig?** [vɒʔ 'mɑɑð 'skylə jɑ dɑj?]
J'aimerais avoir un reçu, s'il vous plaît.	**Jeg vil gerne have en kvittering, tak.** [jɑj ve 'gæɐ̯nə hæʔ en kvi'te'ɐ̯eŋ, tɑk]
Gardez la monnaie.	**Behold resten.** [be'hʌlʔ 'ʁastən]

Attendez-moi, s'il vous plaît ...	**Vil du venligst vente på mig?** ['ve du 'vɛnlist 'vɛntə pɔ mɑj?]
cinq minutes	**fem minutter** [fɛmʔ me'nutʌ]
dix minutes	**ti minutter** ['tiʔ me'nutʌ]
quinze minutes	**femten minutter** ['fɛmtən me'nutʌ]
vingt minutes	**tyve minutter** ['tyːvə me'nutʌ]
une demi-heure	**en halv time** [en 'halʔ 'tiːmə]

Hôtel

Bonjour.
Hej.
['hɑj]

Je m'appelle ...
Mit navn er ...
[mit 'nɑw'n 'æɐ̯ ...]

J'ai réservé une chambre.
Jeg har en reservation.
[jɑ hɑ' en ʁɛsæɐ̯va'ɕo'n]

Je voudrais ...
Jeg har brug for ...
[jɑ hɑ' 'bʁu' fɐ ...]

une chambre simple
et enkeltværelse
[et 'ɛŋ'kelt̩ˌvæɐ̯ʌlsə]

une chambre double
et dobbeltværelse
[et 'dʌbəlt 'væɐ̯ʌlsə]

C'est combien?
Hvor meget bliver det?
[vɒ' 'mɑɑð 'bliɐ̯' de?]

C'est un peu cher.
Det er lidt dyrt.
[de 'æɐ̯ lit 'dyɐ̯'t]

Avez-vous autre chose?
Har du nogen andre muligheder?
['hɑ' du 'noən 'ɑndʁʌ 'muːliˌheð'ʌ?]

Je vais la prendre.
Det tager jeg.
[de 'tæ'ɐ̯ jɑj]

Je vais payer comptant.
Jeg betaler kontant.
[jɑ be'tæ'lʌ kɔn'tan't]

J'ai un problème.
Jeg har fået et problem.
[jɑ hɑ' fɔ' et pʁo'ble'm]

Mon ... est cassé /Ma ... est cassée/
Mit ... er gået i stykker.
[mit ... 'æɐ̯ 'gɔːəð 'støkʌ]

Mon /Ma/ ... ne fonctionne pas.
Mit ... virker ikke.
[mit ... 'viɐ̯kʌ 'ekə]

télé
TV
['te'ˌve']

air conditionné
klimaanlæg
['kliːmaˈanˌlɛ'g]

robinet
hane
['hæːnə]

douche
bruser
['bʁuːsʌ]

évier
vask
['vask]

coffre-fort
pengeskab
['pɛŋəˌskæ'b]

serrure de porte	**dørlås** ['dœɐ̯lɔˀs]
prise électrique	**stikkontakt** ['stek kɔn'tɑkt]
sèche-cheveux	**hårtørrer** ['hɔːˌtœɐ̯ʌ]

Je n'ai pas ...	**Jeg har ikke nogen ...** [jɑ hɑˀ 'ekə 'noən ...]
d'eau	**vand** ['vanˀ]
de lumière	**lys** ['lyˀs]
d'électricité	**elektricitet** [elɛktʁisi'teˀt]

Pouvez-vous me donner ...?	**Kan du give mig ...?** ['kan du giˀ mɑj ...?]
une serviette	**et håndklæde** [ed 'hʌnˌklɛːðə]
une couverture	**et tæppe** [ed 'tɛpə]
des pantoufles	**hjemmesko** ['jɛməˌskoˀ]
une robe de chambre	**en kåbe** [en 'kɔːbə]
du shampoing	**shampoo** ['ɕæːmˌpuː]
du savon	**sæbe** ['sɛːbə]

Je voudrais changer ma chambre.	**Jeg vil gerne skifte værelse.** [jɑj ve 'gæɐ̯nə 'skiftə 'væɐ̯ʌlsə]
Je ne trouve pas ma clé.	**Jeg kan ikke finde min nøgle.** [jɑ kan 'ekə 'fenə min 'nʌjlə]
Pourriez-vous ouvrir ma chambre, s'il vous plaît?	**Kunne du låse op til mit værelse?** ['kunə du 'lɔːsə ʌp te mit 'væɐ̯ʌlsə?]
Qui est là?	**Hvem der?** [vɛm 'dɛˀɐ̯?]
Entrez!	**Kom ind!** [kʌmˀ enˀ]
Une minute!	**Et øjeblik!** [ed 'ʌjə'blek]
Pas maintenant, s'il vous plaît.	**Ikke lige nu, tak.** ['ekə 'liːə nu, tɑk]

Pouvez-vous venir à ma chambre, s'il vous plaît.	**Kom til mit værelse, tak.** [kʌmˀ te mit 'væɐ̯ʌlsə, tɑk]
J'aimerais avoir le service d'étage.	**Jeg vil gerne bestille roomservice.** [jɑj ve 'gæɐ̯nə be'stelˀə 'ʁuːmˌsœːvis]
Mon numéro de chambre est le ...	**Mit værelsesnummer er ...** [mit 'væɐ̯ʌlsə'nɔmˀʌ 'æɐ̯ ...]

Je pars …	**Jeg forlader …** [ja fə'læ'ðə …]
Nous partons …	**Vi forlader …** ['vi fə'læ'ðə …]
maintenant	**lige nu** ['li:ə 'nu]
cet après-midi	**i eftermiddag** [I 'ɛftʌme̩dæ']
ce soir	**i aften** [i 'aftən]
demain	**i morgen** [i 'mɒːɒn]
demain matin	**i morgen tidlig** [i 'mɒːɒn 'tiðli]
demain après-midi	**i morgen aften** [i 'mɒːɒn 'aftən]
après-demain	**i overmorgen** [i 'ɒwʌˌmɒːɒn]

Je voudrais régler mon compte.	**Jeg vil gerne betale.** [jaj ve 'gæɐ̯nə be'tæ'lə]
Tout était merveilleux.	**Alt var vidunderligt.** ['al't va við'ɔn'ʌlit]
Où puis-je trouver un taxi?	**Hvor kan jeg finde en taxi?** [vɒ' kan jaj 'fenə en 'taksi?]
Pourriez-vous m'appeler un taxi, s'il vous plaît?	**Vil du ringe efter en taxi for mig, tak?** ['ve du 'ʁɛŋə 'ɛftʌ en 'taksi fə maj, tak?]

Restaurant

Puis-je voir le menu, s'il vous plaît?	**Kan jeg se menuen?** ['kan' ja se' me'nyən?]
Une table pour une personne.	**Bord til én.** ['bo'g̥ te 'en]
Nous sommes deux (trois, quatre).	**Vi er to (tre, fire).** [vi 'æɐ̯ to' ('tʁɛ', 'fi'ʌ)]

Fumeurs	**Rygning** ['ʁyːneŋ]
Non-fumeurs	**Rygning forbudt** ['ʁyːneŋ fʌ'by'd]
S'il vous plaît!	**Undskyld!** ['ɔnˌskyl']
menu	**menu** [me'ny]
carte des vins	**vinkort** ['viːnˌkɔːt]
Le menu, s'il vous plaît.	**Menuen, tak.** [me'nyən, tak]

Êtes-vous prêts à commander?	**Er du klar til at bestille?** [æɐ̯ du klɑ' te ʌ be'stel'ə?]
Qu'allez-vous prendre?	**Hvad vil du have?** ['vað ve du hæ'?]
Je vais prendre …	**Jeg vil gerne have …** [jɑj ve 'gæɐ̯nə hæ' …]

Je suis végétarien.	**Jeg er vegetar.** ['jɑj 'æɐ̯ vegə'tɑ']
viande	**kød** ['køð]
poisson	**fisk** ['fesk]
légumes	**grøntsager** ['g̥ʁœntˌsæ'jʌ]

Avez-vous des plats végétariens?	**Har du vegetarretter?** ['hɑ' du vegə'tɑ"ʁatə?]
Je ne mange pas de porc.	**Jeg spiser ikke svinekød.** [jɑ 'spiːsɐ 'ekə 'sviːnə'køð]
Il /elle/ ne mange pas de viande.	**Han /hun/ spiser ikke kød.** [han /hun/ 'spiːsɐ 'ekə 'køð]
Je suis allergique à …	**Jeg er allergisk over for …** ['jɑj 'æɐ̯ a'læɐ̯'gisk 'ɔw'ʌ fə …]

Pourriez-vous m'apporter …, s'il vous plaît.	**Er du sød at give mig …** [æɡ du 'søð' ʌ 'giˀ maj …]
le sel | le poivre | du sucre	**salt | peber | sukker** ['salˀt | 'pewʌ | 'sɔkʌ]
un café | un thé | un dessert	**kaffe | te | dessert** ['kɑfə | teˀ | de'sɛɡˀt]
de l'eau | gazeuse | plate	**vand | med brus | uden brus** ['van' | mɛ 'bʁuˀs | 'uðən 'bʁuˀs]
une cuillère | une fourchette | un couteau	**en ske | gaffel | kniv** [en skeˀ | 'gɑfəl | 'kniwˀ]
une assiette | une serviette	**en tallerken | serviet** [en ta'læɡkən | sæɡvi'ɛt]

Bon appétit!	**Nyd dit måltid!** [nyð dit 'mʌlˌtiðˀ]
Un de plus, s'il vous plaît.	**En til, tak.** [en te, tɑk]
C'était délicieux.	**Det var meget lækkert.** [de vɑ 'mɑɑð 'lɛkʌt]

l'addition | de la monnaie | le pourboire	**regningen | byttepenge | drikkepenge** ['ʁɑjneŋən | 'bytəˌpɛŋə | 'dʁɛkəˌpɛŋə]
L'addition, s'il vous plaît.	**Regningen, tak.** ['ʁɑjneŋən, tɑk]
Puis-je payer avec la carte?	**Kan jeg betale med kreditkort?** ['kanˀ jɑ be'tæˀlə mɛ kʁe'dit kɒːt?]
Excusez-moi, je crois qu'il y a une erreur ici.	**Undskyld, men der er en fejl her.** ['ɔnˌskylˀ, mɛn 'dɛˀɡ 'æɡ en 'fɑjˀl 'hɛˀɡ]

Shopping. Faire les Magasins

Est-ce que je peux vous aider?
Kan jeg hjælpe?
['kan⁷ ja 'jɛlpə?]

Avez-vous … ?
Har du …?
['hɑ⁷ du …?]

Je cherche …
Jeg leder efter …
[ja 'le:ðə 'ɛftʌ …]

Il me faut …
Jeg har brug for …
[ja hɑ⁷ 'bʁu⁷ fə …]

Je regarde seulement, merci.
Jeg kigger bare.
[ja 'kigʌ 'bɑːɑ]

Nous regardons seulement, merci.
Vi kiggede bare.
['vi 'kigəðə 'bɑːɑ]

Je reviendrai plus tard.
Jeg kommer tilbage senere.
[ja 'kʌmʌ te'bæːjə 'se⁷nʌʌ]

On reviendra plus tard.
Vi kommer tilbage senere.
['vi 'kʌmʌ te'bæːjə 'se⁷nʌʌ]

Rabais | Soldes
rabatter | udsalg
[ʁɑ'batʌ | 'uð͜sal⁷]

Montrez-moi, s'il vous plaît …
Vil du være sød at vise mig …
['ve du 'vɛg⁷ søð⁷ ʌ 'viːsə maj …]

Donnez-moi, s'il vous plaît …
Vil du give mig …
['ve du gi⁷ maj …]

Est-ce que je peux l'essayer?
Kan jeg prøve det på?
['kan⁷ ja 'pʁœːwə de pɔ⁷?]

Excusez-moi, où est la cabine d'essayage?
Undskyld, hvor er prøverummet?
['ɔn͜skyl⁷, vɒ⁷ 'æg 'pʁœːwə 'ʁɔməð?]

Quelle couleur aimeriez-vous?
Hvilken farve vil du have?
['velkən 'faːvə ve du hæ⁷?]

taille | longueur
størrelse | længde
['stœɐ̯ʌlsə | 'lɛŋ⁷də]

Est-ce que la taille convient ?
Hvordan passer det?
[vɒ'dan 'pasʌ de?]

Combien ça coûte?
Hvor meget bliver det?
[vɒ⁷ 'maɑð 'blig⁷ de?]

C'est trop cher.
Det er for dyrt.
[de 'æg fə 'dyg⁷t]

Je vais le prendre.
Det tager jeg.
[de 'tæ⁷g jaj]

Excusez-moi, où est la caisse?
Undskyld, hvor kan jeg betale?
['ɔn͜skyl⁷, vɒ⁷ kan⁷ ja be'tæ⁷lə?]

Payerez-vous comptant ou par carte de crédit?	**Vil du betale kontant eller med kreditkort?** ['ve du be'tæˀlə kɔn'tanˀt mɛ kʁɛ'dit kɒːt?]
Comptant | par carte de crédit	**Kontant | med kreditkort** [kɔn'tanˀt | mɛ kʁɛ'dit kɒːt]

Voulez-vous un reçu?	**Vil du have kvitteringen?** ['ve du hæˀ kvi'teˀʁeŋən?]
Oui, s'il vous plaît.	**Ja, tak.** ['jæ, tɑk]
Non, ce n'est pas nécessaire.	**Nej, det er OK.** [nɑjˀ, de 'æɡ̊ ɔw'kɛj]
Merci. Bonne journée!	**Tak. Hav en dejlig dag!** [tɑk. 'hɑˀ en 'dɑjli 'dæˀ]

En ville

Excusez-moi, ...	**Undskyld mig.** ['ɔnˌskylˀ' majj]
Je cherche ...	**Jeg leder efter ...** [ja 'leːðə 'ɛftʌ ...]
le métro	**metroen** ['meːtʁoən]
mon hôtel	**mit hotel** [mit ho'tɛlˀ]
le cinéma	**biografen** [bio'gʁaˀfən]
un arrêt de taxi	**en taxiholdeplads** [en 'taksi 'hʌləˌplas]
un distributeur	**en udbetalingsautomat** [en uðˀbe'tæˀleŋs awto'mæˀt]
un bureau de change	**et vekselkontor** [et 'vɛksəl kɔn'toˀɐ̯]
un café internet	**en internetcafé** [en 'entʌˌnɛt ka'feˀ]
la rue ...	**... gade** [... 'gæːðə]
cette place-ci	**dette sted** ['dɛtə 'stɛð]
Savez-vous où se trouve ...?	**Ved du, hvor ... er?** [ve du, vɒˀ ... 'æɐ̯?]
Quelle est cette rue?	**Hvilken gade er dette?** ['velkən 'gæːðə 'æɐ̯ 'dɛtə?]
Montrez-moi où sommes-nous, s'il vous plaît.	**Vis mig, hvor vi er lige nu.** ['viˀs majj, vɒˀ vi 'æɐ̯ 'liːə nu]
Est-ce que je peux y aller à pied?	**Kan jeg komme derhen til fods?** ['kanˀ ja 'kʌmə 'dɛˀɐ̯'hɛn te 'foˀðs?]
Avez-vous une carte de la ville?	**Har du et kort over byen?** ['haˀ du et 'kɒːt 'ɒwˀʌ 'byən?]
C'est combien pour un ticket?	**Hvor meget koster en billet for at komme ind?** [vɒˀ 'maɑð 'kʌstɐ en bi'lɛt fə ʌ 'kʌmə 'enˀ?]
Est-ce que je peux faire des photos?	**Må jeg tage billeder her?** [mɔˀ ja tæˀ 'beləðʌ 'hɛˀɐ̯?]
Êtes-vous ouvert?	**Har du åbent?** ['haˀ du 'ɔːbənt?]

À quelle heure ouvrez-vous?

Hvornår åbner du?
[vɒ'nɒ' 'ɔːbnʌ du?]

À quelle heure fermez-vous?

Hvornår lukker du?
[vɒ'nɒ' 'lɔkɐ du?]

L'argent

argent	**penge** ['pɛŋə]
argent liquide	**kontanter** [kɔn'tanˀtʌ]
des billets	**sedler** ['sɛðˀlʌ]
petite monnaie	**småmønter** [ˌsmʌ'mønˀtʌ]
l'addition | de la monnaie | le pourboire	**regningen | byttepenge | drikkepenge** ['ʁajneŋən | 'bytə,pɛŋə | 'dʁɛkə,pɛŋə]
carte de crédit	**kreditkort** [kʁɛ'dit kɒːt]
portefeuille	**tegnebog** ['tajnebɔˀw]
acheter	**at købe** [ʌ 'køːbə]
payer	**at betale** [ʌ be'tæˀlə]
amende	**bøde** ['bøːðə]
gratuit	**gratis** ['gʁɑːtis]
Où puis-je acheter … ?	**Hvor kan jeg købe …?** [vɒˀ kan ja 'køːbə …?]
Est-ce que la banque est ouverte en ce moment?	**Har banken åbent nu?** ['hɑˀ 'baŋkən 'ɔːbənt nu?]
À quelle heure ouvre-t-elle?	**Hvornår åbner den?** [vɒ'nɒˀ 'ɔːbnʌ dɛnˀ?]
À quelle heure ferme-t-elle?	**Hvornår lukker den?** [vɒ'nɒˀ 'lɔkɐ dɛnˀ?]
C'est combien?	**Hvor meget?** [vɒˀ 'maɑð?]
Combien ça coûte?	**Hvor meget bliver det?** [vɒˀ 'maɑð 'bliɐˀ de?]
C'est trop cher.	**Det er for dyrt.** [de 'æɐ fə 'dyɐˀt]
Excusez-moi, où est la caisse?	**Undskyld, hvor kan jeg betale?** ['ɔnˌskylˀ, vɒˀ kanˀ ja be'tæˀlə?]
L'addition, s'il vous plaît.	**Regningen, tak.** ['ʁajneŋən, tak]

Puis-je payer avec la carte?

Kan jeg betale med kreditkort?
['kan' ja be'tæ'lə mɛ kʁɛ'dit kɒːt?]

Est-ce qu'il y a un distributeur ici?

Er der en udbetalingsautomat her?
[æɐ̯ 'dɛ'ɐ̯ en uð'be'tæ'leŋs ɑwto'mæ't 'hɛ'ɐ̯?]

Je cherche un distributeur.

Jeg leder efter en udbetalingsautomat.
[ja 'leːðə 'ɛftʌ en uð'be'tæ'leŋs ɑwto'mæ't]

Je cherche un bureau de change.

Jeg leder efter et vekselkontor.
[ja 'leːðə 'ɛftʌ et 'vɛksəl kɒn'to'ɐ̯]

Je voudrais changer ...

Jeg vil gerne veksle ...
[jaj ve 'gæɐ̯nə 'vɛkslə ...]

Quel est le taux de change?

Hvad er vekselkursen?
['vað 'æɐ̯ 'vɛksəl 'kuɐ̯'sən]

Avez-vous besoin de mon passeport?

Har du brug for mit pas?
['haˀ du 'bʁuˀ fə mit 'pas?]

Le temps

Quelle heure est-il?	**Hvad er klokken?** ['vað 'æɐ̯ 'klʌkən?]
Quand?	**Hvornår?** [vɒ'nɒˀ?]

À quelle heure?	**På hvilket tidspunkt?** [pɔ 'velkəð 'tiðspɔŋˀt?]
maintenant | plus tard | après ...	**nu | senere | efter ...** ['nu | 'seˀnʌʌ | 'ɛftʌ ...]

une heure	**klokken et** ['klʌkən et]
une heure et quart	**kvart over et** ['kvɑːt 'ɒwˀʌ et]
une heure et demie	**halv to** ['halˀ 'toˀ]
deux heures moins quart	**kvart i to** ['kvɑːt i 'toˀ]

un | deux | trois	**et | to | tre** [ed | toˀ | tʁɛˀ]
quatre | cinq | six	**fire | fem | seks** ['fiˀʌ | fɛmˀ | 'sɛks]
sept | huit | neuf	**syv | otte | ni** ['sywˀ | 'ɔːtə | niˀ]
dix | onze | douze	**ti | elleve | tolv** ['tiˀ | 'ɛlvə | tʌlˀ]

dans ...	**om ...** [ʌm ...]
cinq minutes	**fem minutter** [fɛmˀ me'nutʌ]
dix minutes	**ti minutter** ['tiˀ me'nutʌ]
quinze minutes	**femten minutter** ['fɛmtən me'nutʌ]
vingt minutes	**tyve minutter** ['tyːvə me'nutʌ]

une demi-heure	**en halv time** [en 'halˀ 'tiːmə]
une heure	**en time** [en 'tiːmə]

dans la matinée	**om morgenen** [ʌm 'mɒːɒnən]
tôt le matin	**tidligt om morgenen** ['tiðlit ʌm 'mɒːɒnən]
ce matin	**her til morgen** ['hɛʔg̊ te 'mɒːɒn]
demain matin	**i morgen tidlig** [i 'mɒːɒn 'tiðli]
à midi	**midt på dagen** ['met pɔ 'dæʔən]
dans l'après-midi	**om eftermiddagen** [ʌm 'ɛftʌmeˌdæʔən]
dans la soirée	**om aftenen** [ʌm 'ɑftənən]
ce soir	**i aften** [i 'ɑftən]
la nuit	**om natten** [ʌm 'nɛtn]
hier	**i går** [i 'g̊ɒʔ]
aujourd'hui	**i dag** [i 'dæʔ]
demain	**i morgen** [i 'mɒːɒn]
après-demain	**i overmorgen** [i 'ɒwʌˌmɒːɒn]
Quel jour sommes-nous aujourd'hui?	**Hvilken dag er det i dag?** ['velkən 'dæʔ 'æg̊ de i 'dæʔ?]
Nous sommes ...	**Det er ...** [de 'æg̊ ...]
lundi	**Mandag** ['manʔda]
mardi	**tirsdag** ['tig̊ʔsda]
mercredi	**onsdag** ['ɔnʔsda]
jeudi	**torsdag** ['tɒʔsda]
vendredi	**Fredag** ['fʁɛʔda]
samedi	**Lørdag** ['lœg̊da]
dimanche	**søndag** ['sœnʔda]

Salutations - Introductions

Bonjour.	**Hej.**
	['haj]
Enchanté /Enchantée/	**Glad for at møde dig.**
	['glað fə ʌ 'møːðə 'daj]]
Moi aussi.	**Det samme her.**
	[de 'samə 'hɛˀɐ̯]
Je voudrais vous présenter …	**Jeg vil gerne have at du møder …**
	[jaj ve 'gæɐ̯nə hæˀ ʌ du 'møːðə …]
Ravi /Ravie/ de vous rencontrer.	**Rart at møde dig.**
	['ʁɑˀt ʌ 'møːðə daj]

Comment allez-vous?	**Hvordan har du det?**
	[vɒˈdan haˀ du deˀ]
Je m'appelle …	**Mit navn er …**
	[mit 'nawˀn 'æɐ̯ …]
Il s'appelle …	**Hans navn er …**
	[hans 'nawˀn 'æɐ̯ …]
Elle s'appelle …	**Hendes navn er …**
	['henəs 'nawˀn 'æɐ̯ …]

Comment vous appelez-vous?	**Hvad hedder du?**
	['vað 'heðʌ du?]
Quel est son nom?	**Hvad hedder han?**
	['vað 'heðʌ han?]
Quel est son nom?	**Hvad hedder hun?**
	['vað 'heðʌ hun?]

Quel est votre nom de famille?	**Hvad er dit efternavn?**
	['vað 'æɐ̯ did 'ɛftʌˌnawˀn?]
Vous pouvez m'appeler …	**Du kan ringe til mig …**
	[du kan 'ʁeŋə te maj …]
D'où êtes-vous?	**Hvor er du fra?**
	[vɒˀ 'æɐ̯ du fʁɑˀ]
Je suis de …	**Jeg er fra …**
	['jaj 'æɐ̯ fʁɑˀ …]
Qu'est-ce que vous faites dans la vie?	**Hvad arbejder du med?**
	['vað 'ɑːˌbajˀdʌ du mɛ?]

Qui est-ce?	**Hvem er det?**
	[vɛm 'æɐ̯ de?]
Qui est-il?	**Hvem er han?**
	[vɛm 'æɐ̯ han?]
Qui est-elle?	**Hvem er hun?**
	[vɛm 'æɐ̯ hun?]

Qui sont-ils?	**Hvem er de?** [vɛm 'æɐ̯ di?]
C'est ...	**Dette er ...** ['dɛtə 'æɐ̯ ...]
mon ami	**min ven** [min 'vɛn]
mon amie	**min veninde** [min vɛn'enə]
mon mari	**min mand** [min 'manˀ]
ma femme	**min kone** [min 'koːnə]
mon père	**min far** [min 'fɑː]
ma mère	**min mor** [min 'moɐ̯]
mon frère	**min bror** [min 'bʁoɐ̯]
ma sœur	**min søster** [min 'søstʌ]
mon fils	**min søn** [min 'sœn]
ma fille	**min datter** [min 'datʌ]
C'est notre fils.	**Dette er vores søn.** ['dɛtə 'æɐ̯ 'voɒs 'sœn]
C'est notre fille.	**Dette er vores datter.** ['dɛtə 'æɐ̯ 'voɒs 'datʌ]
Ce sont mes enfants.	**Dette er mine børn.** ['dɛtə 'æɐ̯ 'miːnə 'bœɐ̯ˀn]
Ce sont nos enfants.	**Dette er vores børn.** ['dɛtə 'æɐ̯ 'voɒs 'bœɐ̯ˀn]

Les adieux

Au revoir!
Farvel!
[fɑ'vɛl]

Salut!
Hej hej!
['hɑj 'hɑj]

À demain.
Ses i morgen.
['seʔs i 'mɒːɒn]

À bientôt.
Vi ses snart.
['vi 'seʔs 'snɑʔt]

On se revoit à sept heures.
Vi ses klokken syv.
['vi 'seʔs 'klʌkən 'sywʔ]

Amusez-vous bien!
Have det sjovt!
['hɑʔ de 'ɕɒwd]

On se voit plus tard.
Vi snakkes ved senere.
['vi 'snɑkəs ve 'seʔnʌʌ]

Bonne fin de semaine.
Ha' en dejlig weekend.
[ha en 'dɑjli 'wiːˌkɛnd]

Bonne nuit.
Godnat.
[go'nad]

Il est l'heure que je parte.
Det er på tide at jeg smutter.
[de 'æɐ̯ pɔ 'tiːðə ʌ jɑ 'smutə]

Je dois m'en aller.
Jeg bliver nødt til at gå.
[jɑ 'bliɐ̯ʔ nøʔt te ʌ 'gɔʔ]

Je reviens tout de suite.
Jeg kommer straks tilbage.
[jɑ 'kʌmʌ 'stʁɑks te'bæːjə]

Il est tard.
Det er sent.
[de 'æɐ̯ 'seʔnt]

Je dois me lever tôt.
Jeg er nødt til at stå tidligt op.
['jɑj 'æɐ̯ nøʔt te ʌ 'stɔʔ 'tiðlit 'ʌp]

Je pars demain.
Jeg rejser i morgen.
[jɑ 'ʁɑjsə i 'mɒːɒn]

Nous partons demain.
Vi rejser i morgen.
['vi 'ʁɑjsə i 'mɒːɒn]

Bon voyage!
Hav en dejlig tur!
['hɑʔ en 'dɑjli 'tuɐ̯ʔ]

Enchanté de faire votre connaissance.
Det var rart at møde dig.
[de vɑ 'ʁɑʔt ʌ 'møːðə 'dɑj]

Heureux /Heureuse/ d'avoir
parlé avec vous.
Det var rart at tale med dig.
[de vɑ 'ʁɑʔt ʌ 'tæːlə mɛ 'dɑj]

Merci pour tout.
Tak for alt.
[tɑk fə 'alʔt]

Je me suis vraiment amusé /amusée/	**Jeg nød tiden sammen.** [ja nø:ð 'tiðən 'sam'ən]
Nous nous sommes vraiment amusés /amusées/	**Vi nød virkeligt tiden sammen.** ['vi nø:ð 'viɐ̞kəlit 'tiðən 'sam'ən]
C'était vraiment plaisant.	**Det var virkeligt godt.** [de va 'viɐ̞kəlit 'gʌt]
Vous allez me manquer.	**Jeg kommer til at savne dig.** [ja 'kʌmʌ te ʌ 'sawne 'daj]
Vous allez nous manquer.	**Vi kommer til at savne dig.** ['vi 'kʌmʌ te ʌ 'sawnə 'daj]
Bonne chance!	**Held og lykke!** ['hɛlˀ ʌ 'løkə]
Mes salutations à ...	**Sig hej til ...** ['saj 'haj te ...]

Une langue étrangère

Je ne comprends pas.	**Jeg forstår det ikke.** [ja fə'stɒ̈ de 'ekə]
Écrivez-le, s'il vous plaît.	**Skriv det ned, tak.** ['skʁiw' de neð', tɑk]
Parlez-vous …?	**Taler du …?** ['tæːlʌ du …?]

Je parle un peu …	**Jeg taler en lille smule …** [ja 'tæːlʌ en 'lilə 'smuːlə …]
anglais	**engelsk** ['ɛŋ'əlsk]
turc	**tyrkisk** ['tyʁkisk]
arabe	**arabisk** [ɑ'ʁɑ'bisk]
français	**fransk** ['fʁɑn'sk]

allemand	**tysk** ['tysk]
italien	**italiensk** [ital'jɛ'nsk]
espagnol	**spansk** ['span'sk]
portugais	**portugisisk** [pɒtu'gi'sisk]
chinois	**kinesisk** [ki'ne'sisk]
japonais	**japansk** [ja'pæ'nsk]

Pouvez-vous le répéter, s'il vous plaît.	**Kan du gentage det, tak.** ['kan du 'gɛn,tæ' de, tɑk]
Je comprends.	**Jeg forstår.** [ja fə'stɒ̈]
Je ne comprends pas.	**Jeg forstår det ikke.** [ja fə'stɒ̈ de 'ekə]
Parlez plus lentement, s'il vous plaît.	**Tal langsommere.** ['tal 'laŋ,sʌm'əʌ]

Est-ce que c'est correct?	**Er det rigtigt?** [æɐ̯ de 'ʁɛgtit?]
Qu'est-ce que c'est?	**Hvad er dette?** ['vað 'æɐ̯ 'dɛtə?]

Les excuses

Excusez-moi, s'il vous plaît.	**Undskyld mig.** ['ɔnˌskylˀ maj]
Je suis désolé /désolée/	**Det er jeg ked af.** [de 'æɐ̯ ja 'keðˀ æˀ]
Je suis vraiment /désolée/	**Jeg er virkelig ked af det.** ['jaj 'æɐ̯ 'viɐ̯keli 'keðˀ æˀ de]
Désolé /Désolée/, c'est ma faute.	**Beklager, det er min skyld.** [be'klæˀjə, de 'æɐ̯ min 'skylˀ]
Au temps pour moi.	**Min fejl.** [min 'fajˀl]
Puis-je … ?	**Må jeg …?** [mɔˀ ja …?]
Ça vous dérange si je …?	**Har du noget imod, hvis jeg …?** ['haˀ du 'noːəð i'moðˀ, 'ves jaj …?]
Ce n'est pas grave.	**Det er OK.** [de 'æɐ̯ ɔw'kɛj]
Ça va.	**Det er OK.** [de 'æɐ̯ ɔw'kɛj]
Ne vous inquiétez pas.	**Tag dig ikke af det.** ['tæˀ 'daj 'ekə æˀ de]

Les accords

Oui	**Ja.** ['jæ]
Oui, bien sûr.	**Ja, helt sikkert.** ['jæ, 'heʔlt 'sekʌt]
Bien.	**Godt!** ['gʌt]
Très bien.	**Meget godt.** ['maað 'gʌt]
Bien sûr!	**Bestemt!** [be'stɛmʔt]
Je suis d'accord.	**Jeg er enig.** ['jɑj 'æɐ̯ 'eːni]
C'est correct.	**Det er korrekt.** [de 'æɐ̯ ko'ʁakt]
C'est exact.	**Det er rigtigt.** [de 'æɐ̯ 'ʁɛgtit]
Vous avez raison.	**Du har ret.** [du hɑʔ 'ʁat]
Je ne suis pas contre.	**Jeg har ikke noget imod det.** [jɑ hɑʔ 'ekə 'noːəð i'moðʔ de]
Tout à fait correct.	**Helt korrekt.** ['heʔlt ko'ʁakt]
C'est possible.	**Det er muligt.** [de 'æɐ̯ 'muːlit]
C'est une bonne idée.	**Det er en god idé.** [de 'æɐ̯ en 'goðʔ i'deʔ]
Je ne peux pas dire non.	**Jeg kan ikke sige nej.** [jɑ kan 'ekə 'siː 'nɑjʔ]
J'en serai ravi /ravie/	**Jeg ville være glad for.** [jɑj 'vilə 'vɛɐ̯ʔ 'glað fə]
Avec plaisir.	**Med glæde.** [mɛ 'glɛːðə]

Refus, exprimer le doute

Non	**Nej.** [nɑjˀ]
Absolument pas.	**Bestemt ikke.** [be'stɛmˀt 'ekə]
Je ne suis pas d'accord.	**Jeg er ikke enig.** ['jɑj 'æɐ̯ 'ekə 'eːni]
Je ne le crois pas.	**Jeg tror det ikke.** [jɑ 'tʁoˀɐ̯ de 'ekə]
Ce n'est pas vrai.	**Det er ikke sandt.** [de 'æɐ̯ 'ekə 'sant]
Vous avez tort.	**Du tager fejl.** [du 'tæˀɐ̯ 'fɑjˀl]
Je pense que vous avez tort.	**Jeg tror, du tager fejl.** [jɑ 'tʁoˀɐ̯, du 'tæˀɐ̯ 'fɑjˀl]
Je ne suis pas sûr /sûre/	**Jeg er ikke sikker.** ['jɑj 'æɐ̯ 'ekə 'sekʌ]
C'est impossible.	**Det er umuligt.** [de 'æɐ̯ u'muˀlit]
Pas du tout!	**Overhovedet ikke!** [ɒwʌ'hoːədəð 'ekə]
Au contraire!	**Det stik modsatte.** [de 'stek 'moð‚satə]
Je suis contre.	**Jeg er imod det.** ['jɑj 'æɐ̯ i'moðˀ de]
Ça m'est égal.	**Jeg er ligeglad.** ['jɑj 'æɐ̯ 'liːə‚glað]
Je n'ai aucune idée.	**Jeg aner det ikke.** ['jɑj 'æːnə de 'ekə]
Je doute que cela soit ainsi.	**Jeg tvivler på det.** [jɑ 'tviwlə pɔˀ de]
Désolé /Désolée/, je ne peux pas.	**Undskyld, jeg kan ikke.** ['ɔn‚skylˀ, jɑ kanˀ 'ekə]
Désolé /Désolée/, je ne veux pas.	**Undskyld, jeg ønsker ikke at.** ['ɔn‚skylˀ, jɑ 'ønskɐ 'ekə ʌ]
Merci, mais ça ne m'intéresse pas.	**Tak, men jeg har ikke brug for dette.** [tɑk, mɛn jɑ 'hɑˀ 'ekə 'bʁuˀ fə 'dɛtə]
Il se fait tard.	**Det bliver sent.** [de 'bliɐ̯ˀ 'seˀnt]

Je dois me lever tôt.

Jeg er nødt til at stå tidligt op.
['jɑj 'æɐ̯ nø'̩t te ʌ 'stɔ' 'tiðlit ʌp]

Je ne me sens pas bien.

Jeg føler mig dårlig.
[jɑ 'fø:lɐ mɑj 'dɒ:li]

Exprimer la gratitude

Merci. **Tak.**
[tɑk]

Merci beaucoup. **Mange tak.**
['mɑŋə 'tɑk]

Je l'apprécie beaucoup. **Jeg sætter virkeligt pris på det.**
[jɑ sɛtʌ 'viɐ̯kəlit 'pʁis pɔ' de]

Je vous suis très reconnaissant. **Jeg er dig virkeligt taknemmelig.**
['jɑj 'æɐ̯ dɑ 'viɐ̯kəlit tɑk'nɛm'əli]

Nous vous sommes très reconnaissant. **Vi er dig virkeligt taknemmelige.**
['vi 'æɐ̯ dɑ 'viɐ̯kəlit tɑk'nɛm'əliə]

Merci pour votre temps. **Tak for din tid.**
[tɑk fə din 'tið']

Merci pour tout. **Tak for alt.**
[tɑk fə 'al't]

Merci pour ... **Tak for ...**
[tɑk fə ...]

votre aide **din hjælp**
[din 'jɛl'p]

les bons moments passés **en dejlig tid**
[en 'dɑjli 'tið']

un repas merveilleux **et vidunderligt måltid**
[ed við'ɔn'ʌlit 'mʌlˌtið']

cette agréable soirée **en hyggelig aften**
[en 'hygəli 'ɑftən]

cette merveilleuse journée **en vidunderlig dag**
[en við'ɔn'ʌli 'dæ']

une excursion extraordinaire **en fantastisk rejse**
[en fan'tastisk 'ʁɑjsə]

Il n'y a pas de quoi. **Glem det.**
['glɛm de]

Vous êtes les bienvenus. **Du er velkommen.**
[du 'æɐ̯ 'vɛlˌkʌm'ən]

Mon plaisir. **Når som helst.**
['nɒ' sʌm 'hɛl'st]

J'ai été heureux /heureuse/ **Intet problem.**
de vous aider. ['entəð pʁo'ble'm]

Ça va. N'y pensez plus. **Glem det.**
['glɛm de]

Ne vous inquiétez pas. **Tag dig ikke af det.**
['tæ' 'dɑj 'ekə æ' de]

Félicitations. Vœux de fête

Félicitations!

Til lykke!
[te 'løkə]

Joyeux anniversaire!

Tillykke med fødselsdagen!
[tə'løkə mɛ 'føsəls‚dæˀən]

Joyeux Noël!

Glædelig jul!
['glɛ:ðəli 'juˀl]

Bonne Année!

Godt Nytår!
['gʌt 'nyt‚ɒˀ]

Joyeuses Pâques!

God påske!
['goðˀ 'pɔ:skə]

Joyeux Hanoukka!

Glædelig Hanukkah!
['glɛ:ðəli 'hanuka]

Je voudrais proposer un toast.

Jeg vil gerne udbringe en skål.
[jɑj ve 'gæɡnə 'uð‚bʁɛŋˀə en 'skɔˀl]

Santé!

Skål!
['skɔˀl]

Buvons à …!

Lad os skåle for …!
[lað ʌs 'skɔ:lə fə …!]

À notre succès!

Til vores succes!
[te 'vɒɒs syk'se]

À votre succès!

Til din succes!
[te din syk'se]

Bonne chance!

Held og lykke!
['hɛlˀ ʌ 'løkə]

Bonne journée!

Hav en dejlig dag!
['haˀ en 'dɑjli 'dæˀ]

Passez de bonnes vacances !

Hav en god ferie!
['haˀ en 'goðˀ 'feɡˀiə]

Bon voyage!

Har en sikker rejse!
['haˀ en 'sekʌ 'ʁɑjsə!]

Rétablissez-vous vite.

Jeg håber du får det bedre snart!
[jɑ 'hɔ:bʌ du fɒˀ de 'bɛðʁʌ 'snɑˀt]

Socialiser

Pourquoi êtes-vous si triste?	**Hvorfor er du ked af det?** ['vɔfʌ 'æɐ̯ du 'keð' æ' de?]
Souriez!	**Smil! Op med humøret!** ['smi'l! ʌb mɛ hu'mø'ɐ̯əð]
Êtes-vous libre ce soir?	**Er du fri i aften?** [æɐ̯ du 'fʁi' i 'aftən?]

Puis-je vous offrir un verre?	**Må jeg tilbyde dig en drink?** [mɔ' ja 'tel‚by'ðə 'daj en 'driŋk?]
Voulez-vous danser?	**Kunne du tænke dig at danse?** ['kunə du 'tɛŋkə daj ʌ 'dansə?]
Et si on va au cinéma?	**Lad os gå i biografen.** [lað ʌs 'gɔ' i bio'gʁɑ'fən]

Puis-je vous inviter …	**Må jeg invitere dig til …?** [mɔ' ja envi'te'ʌ da te …?]
au restaurant	**en restaurant** [en ʁɛsto'ʁɑŋ]
au cinéma	**biografen** [bio'gʁɑ'fən]
au théâtre	**teatret** [te'æ'tɐ̯əð]
pour une promenade	**at gå en tur** [ʌ 'gɔ' en 'tuɐ̯']

À quelle heure?	**På hvilket tidspunkt?** [pɔ 'velkəð 'tiðspɔŋ't?]
ce soir	**i aften** [i 'aftən]
à six heures	**klokken seks** ['klʌkən 'sɛks]
à sept heures	**klokken syv** ['klʌkən 'syw']
à huit heures	**klokken otte** ['klʌkən 'ɔːtə]
à neuf heures	**klokken ni** ['klʌkən 'ni']

Est-ce que vous aimez cet endroit?	**Kan du lide det her?** ['kan du 'liːðə de 'hɛ'ɐ̯?]
Êtes-vous ici avec quelqu'un?	**Er du her med nogen?** [æɐ̯ du 'hɛ'ɐ̯ mɛ 'noən?]
Je suis avec mon ami.	**Jeg er sammen med min ven.** ['jaj 'æɐ̯ 'sam'ən mɛ min 'vɛn]

Je suis avec mes amis.	**Jeg er sammen med mine venner.** ['jaj 'æɡ 'sɑmʔən mɛ'miːnə 'vɛnʌ]
Non, je suis seul /seule/	**Nej, jeg er alene.** [najʔ, ja 'æɡ a'leːnə]

As-tu un copain?	**Har du en kæreste?** ['hɑʔ du en 'kæɡʌstə?]
J'ai un copain.	**Jeg har en kæreste.** [ja hɑʔ en 'kæɡʌstə]
As-tu une copine?	**Har du en kæreste?** ['hɑʔ du en 'kæɡʌstə?]
J'ai une copine.	**Jeg har en kæreste.** [ja hɑʔ en 'kæɡʌstə]

Est-ce que je peux te revoir?	**Kan jeg se dig igen?** ['kanʔ ja seʔ daj i'gɛn?]
Est-ce que je peux t'appeler?	**Kan jeg ringe til dig?** ['kanʔ ja 'ʁɛŋə te daj?]
Appelle-moi.	**Ring til mig.** ['ʁɛŋə te maj]
Quel est ton numéro?	**Hvad er dit nummer?** ['vað 'æɡ dit 'nɔmʔʌ?]
Tu me manques.	**Jeg savner dig.** [ja 'sɑwnɡ daj]

Vous avez un très beau nom.	**Du har et smukt navn.** [du hɑʔ et 'smɔkt 'nawʔn]
Je t'aime.	**Jeg elsker dig.** ['jaj 'ɛlskʌ daj]
Veux-tu te marier avec moi?	**Vil du gifte dig med mig?** ['ve du 'giftə 'daj mɛ maj?]

Vous plaisantez!	**Du spøger!** [du 'spøːjə]
Je plaisante.	**Jeg spøger.** [ja 'spøːjə]

Êtes-vous sérieux /sérieuse/?	**Mener du det alvorligt?** ['meːnʌ du de al'vɔʔlit?]
Je suis sérieux /sérieuse/	**Jeg mener det alvorligt.** [ja 'meːnʌ de al'vɔʔlit]
Vraiment?!	**Virkeligt?!** ['viɡkəlit?!]
C'est incroyable!	**Det er utroligt!** [de 'æɡ u'tʁoʔlit]
Je ne vous crois pas.	**Jeg tror dig ikke.** [ja 'tʁoʔɡ 'daj 'ekə]

Je ne peux pas.	**Jeg kan ikke.** [ja kan 'ekə]
Je ne sais pas.	**Jeg ved det ikke.** [jaj ve de 'ekə]

Je ne vous comprends pas

Jeg forstår dig ikke.
[ja fə'stɐ̞ daj 'ekə]

Laissez-moi! Allez-vous-en!

Gå din vej.
['gɔˀ din 'vaj']

Laissez-moi tranquille!

Lad mig være!
[lað maj 'vɛɐ̞']

Je ne le supporte pas.

Jeg kan ikke fordrage ham.
[ja kan 'ekə fə'dʁaˀwə ham]

Vous êtes dégoûtant!

Du er modbydelig!
[du 'æɐ̞ moð'byðˀəli]

Je vais appeler la police!

Jeg ringer til politiet!
[ja 'ʁɛŋʌ te poli'tiˀəð]

Partager des impressions. Émotions

J'aime ça.	**Jeg kan lide det.** [ja kan 'liːðə de]
C'est gentil.	**Meget fint.** ['maɑð 'fiˀnt]
C'est super!	**Det er godt!** [de 'æɐ̯ 'gʌt]
C'est assez bien.	**Det er ikke dårligt.** [de 'æɐ̯ 'ekə 'dɒːlit]

Je n'aime pas ça.	**Jeg kan ikke lide det.** [ja kan 'ekə 'liːðə de]
Ce n'est pas bien.	**Det er ikke godt.** [de 'æɐ̯ 'ekə 'gʌt]
C'est mauvais.	**Det er dårligt.** [de 'æɐ̯ 'dɒːlit]
Ce n'est pas bien du tout.	**Det er meget dårligt.** [de 'æɐ̯ 'maɑð 'dɒːlit]
C'est dégoûtant.	**Det er ulækkert.** [de 'æɐ̯ 'uˌlɛkʌt]

Je suis content /contente/	**Jeg er glad.** ['jaj 'æɐ̯ 'glað]
Je suis heureux /heureuse/	**Jeg er tilfreds.** ['jaj 'æɐ̯ teˀfʁɛs]
Je suis amoureux /amoureuse/	**Jeg er forelsket.** ['jaj 'æɐ̯ fəˀɛlˀskəð]
Je suis calme.	**Jeg er rolig.** ['jaj 'æɐ̯ 'ʁoːli]
Je m'ennuie.	**Jeg keder mig.** [ja 'keːðʌ maj]

Je suis fatigué /fatiguée/	**Jeg er træt.** ['jaj 'æɐ̯ 'tʁat]
Je suis triste.	**Jeg er ked af det.** ['jaj 'æɐ̯ 'keðˀ æˀ de]
J'ai peur.	**Jeg er bange.** ['jaj 'æɐ̯ 'baŋə]

Je suis fâché /fâchée/	**Jeg er vred.** ['jaj 'æɐ̯ 'vʁɛðˀ]
Je suis inquiet /inquiète/	**Jeg er bekymret.** ['jaj 'æɐ̯ beˀkømˀʁʌð]
Je suis nerveux /nerveuse/	**Jeg er nervøs.** ['jaj 'æɐ̯ næɐ̯'vøˀs]

Je suis jaloux /jalouse/

Jeg er misundelig.
['jɑj 'æɐ̯ mis'ɔn'əli]

Je suis surpris /surprise/

Jeg er overrasket.
['jɑj 'æɐ̯ 'ɒwʌˌʁɑskəð]

Je suis gêné /gênée/

Jeg er forvirret.
['jɑj 'æɐ̯ fʌ'viɐ̯'ʌð]

Problèmes. Accidents

J'ai un problème.

Jeg har fået et problem.
[ja haˀ fɒˀ et pʁoˈbleˀm]

Nous avons un problème.

Vi har fået et problem.
['vi haˀ 'fɒˀ et pʁoˈbleˀm]

Je suis perdu /perdue/

Jeg forstår ikke.
[ja fəˈstɐ̯ 'ekə]

J'ai manqué le dernier bus (train).

**Jeg kom for sent til
den sidste bus (tog).**
[ja 'kʌmˀ fə 'seˀnt te
dən 'sistə bus ('tɔˀw)]

Je n'ai plus d'argent.

Jeg har ikke nogen penge tilbage.
[ja haˀ 'ekə 'noən 'pɛŋə teˈbæːjə]

J'ai perdu mon ...

Jeg har mistet min ...
[ja haˀ 'mestəð min ...]

On m'a volé mon ...

Nogen stjal mit ...
['noən 'stjæˀl mit ...]

passeport

pas
['pas]

portefeuille

tegnebog
['tajnəbɔˀw]

papiers

papirer
[paˈpiːɐ̯ˀ]

billet

billet
[biˈlɛt]

argent

penge
['pɛŋə]

sac à main

håndtaske
['hʌnˈtaskə]

appareil photo

kamera
['kæˀmɐʁɑ]

portable

laptop
['lapˌtʌp]

ma tablette

tablet computer
['tablɛt kʌmˈpjuːtʌ]

mobile

mobiltelefon
[moˈbil teləˈfoˀn]

Au secours!

Hjælp mig!
['jɛlˀp maj]

Qu'est-il arrivé?

Hvad er der sket?
['vað 'æɐ̯ 'dɛˀɐ̯ 'skeˀð?]

un incendie	**brand** ['bʁɑnˀ]
des coups de feu	**skyderi** [skyðʌ'ʁiˀ]
un meurtre	**mord** ['moˀɐ̯]
une explosion	**eksplosion** [ɛksplo'ɕoˀn]
une bagarre	**kamp** ['kɑmˀp]

Appelez la police!	**Ring til politiet!** ['ʁɛŋə te poli'tiˀəð]
Dépêchez-vous, s'il vous plaît!	**Vær sød at skynde dig!** ['vɛɐ̯ˀ 'søðˀ ʌ 'skønə 'dɑj]
Je cherche le commissariat de police.	**Jeg leder efter politistationen.** [jɑ 'le:ðɐ 'ɛftʌ poli'ti sta'ɕoˀnən]
Il me faut faire un appel.	**Jeg har brug for at foretage et opkald.** [jɑ hɑˀ 'bʁuˀ fə ʌ 'foːɒˌtæˀ et 'ʌpkalˀ]
Puis-je utiliser votre téléphone?	**Må jeg bruge din telefon?** [mɔˀ jɑ 'bʁuːə din teleˈfoˀn?]

J'ai été …	**Jeg er blevet …** ['jɑj 'æɐ̯ 'blewəð …]
agressé /agressée/	**overfaldet** ['ɒwʌˌfalˀəð]
volé /volée/	**røvet** ['ʁœwəð]
violée	**voldtaget** ['vʌlˌtæˀəð]
attaqué /attaquée/	**angrebet** ['anˌgʁɛˀbəð]

Est-ce que ça va?	**Er du okay?** [æɐ̯ du ɔw'kɛj?]
Avez-vous vu qui c'était?	**Så du, hvem det var?** ['sɔˀ du, vɛm de 'vɑ?]
Pourriez-vous reconnaître cette personne?	**Ville du være i stand til at genkende personen?** ['vilə du 'vɛɐ̯ˀ i 'stan te ʌ 'gɛnˌkɛnˀə pæɐ̯'soˀnən?]
Vous êtes sûr?	**Er du sikker?** ['æɐ̯ du 'sekʌ?]

Calmez-vous, s'il vous plaît.	**Fald til ro.** ['falˀ te 'ʁoˀ]
Calmez-vous!	**Tag det roligt!** ['tæˀ de 'ʁoːlit]
Ne vous inquiétez pas.	**Det går nok!** [de gɒˀ 'nʌk]
Tout ira bien.	**Alt vil være OK.** ['alˀt ve 'vɛɐ̯ˀ ɔw'kɛj]

Ça va. Tout va bien.	**Alt er okay.** ['al'̩t 'æɐ̯ ɔw'kɛj]
Venez ici, s'il vous plaît.	**Kom her.** [kʌm' 'hɛ'ɐ̯]
J'ai des questions à vous poser.	**Jeg har nogle spørgsmål til dig.** [ja hɑ' 'noːlə 'sbœɐ̯s̩ˌmɔ'l te 'dɑj]
Attendez un moment, s'il vous plaît.	**Vent et øjeblik.** ['vɛnt et 'ʌjəˌblek]
Avez-vous une carte d'identité?	**Har du nogen ID?** ['hɑ' du 'noən 'iˀde'?]
Merci. Vous pouvez partir maintenant.	**Tak. Du kan gå nu.** [tɑk. du kan 'gɔ' nu]
Les mains derrière la tête!	**Hænderne bag hovedet!** ['hɛnˀʌnə 'bæ' 'hoːðəð]
Vous êtes arrêté!	**Du er anholdt!** [du 'æɐ̯ 'anˌhʌlt]

Problèmes de santé

Aidez-moi, s'il vous plaît.	**Vær sød at hjælpe mig.** ['vɛɐ̯' 'søð' ʌ 'jɛlpə mɑj]
Je ne me sens pas bien.	**Jeg føler mig dårlig.** [jɑ 'fø:lɐ̯ mɑj 'dɒ:li]
Mon mari ne se sent pas bien.	**Min mand føler sig dårlig.** [min 'man' 'fø:lɐ̯ sɑj 'dɒ:li]
Mon fils ...	**Min søn ...** [min 'sœn ...]
Mon père ...	**Min far ...** [min 'fɑ: ...]

Ma femme ne se sent pas bien.	**Min kone føler sig dårlig.** [min 'ko:nə 'fø:lɐ̯ sɑj 'dɒ:li]
Ma fille ...	**Min datter ...** [min 'datʌ ...]
Ma mère ...	**Min mor ...** [min 'moɐ̯ ...]

J'ai mal ...	**Jeg har fået ...** [jɑ hɑ' fɒ' ...]
à la tête	**hovedpine** ['ho:əð‚pi:nə]
à la gorge	**ondt i halsen** ['ɔnt i 'hal'sən]
à l'estomac	**mavepine** ['mæ:və 'pi:nə]
aux dents	**tandpine** ['tan‚pi:nə]

J'ai le vertige.	**Jeg føler mig svimmel.** [jɑ 'fø:lɐ̯ mɑj 'svem'əl]
Il a de la fièvre.	**Han har feber.** [han hɑ' 'fe'bʌ]
Elle a de la fièvre.	**Hun har feber.** [hun hɑ' 'fe'bʌ]
Je ne peux pas respirer.	**Jeg kan ikke få vejret.** [jɑ kan 'ekə fɒ' 'vɑj‚ʁat]

J'ai du mal à respirer.	**Jeg er forpustet.** ['jɑj 'æɐ̯ fə'pu'stəð]
Je suis asthmatique.	**Jeg er astmatiker.** ['jɑj 'æɐ̯ ast'mæ'tikʌ]
Je suis diabétique.	**Jeg er diabetiker.** ['jɑj 'æɐ̯ dia'be'tikʌ]

Je ne peux pas dormir.	**Jeg kan ikke sove.** [ja kan 'ekə 'sɒwə]
intoxication alimentaire	**madforgiftning** ['maðfʌˌgiftnen]

Ça fait mal ici.	**Det gør ondt her.** [de 'gœɐ̯ ɔnt 'hɛˀɐ̯]
Aidez-moi!	**Hjælp mig!** ['jɛlˀp maj]
Je suis ici!	**Jeg er her!** ['jaj 'æɐ̯ 'hɛˀɐ̯]
Nous sommes ici!	**Vi er her!** ['vi 'æɐ̯ 'hɛˀɐ̯]
Sortez-moi d'ici!	**Få mig ud herfra!** ['fɔˀ maj 'uðˀ 'hɛˀɐ̯ˌfʁaˀ]
J'ai besoin d'un docteur.	**Jeg har brug for en læge.** [ja haˀ 'bʁuˀ fə en 'lɛːjə]
Je ne peux pas bouger!	**Jeg kan ikke bevæge sig.** [ja kan 'ekə be'vɛˀjə 'saj]
Je ne peux pas bouger mes jambes.	**Jeg kan ikke bevæge mine ben.** [ja kan 'ekə be'vɛˀjə 'miːnə 'beˀn]

Je suis blessé /blessée/	**Jeg har et sår.** [ja haˀ et 'sɒˀ]
Est-ce que c'est sérieux?	**Er det alvorligt?** [æɐ̯ de al'vɒˀlit?]
Mes papiers sont dans ma poche.	**Mine papirer ligger i min lomme.** ['miːnə pa'piːɐ̯ 'legʌ i min 'lʌmə]
Calmez-vous!	**Tag det roligt!** ['tæˀ de 'ʁoːlit]
Puis-je utiliser votre téléphone?	**Må jeg bruge din telefon?** [mɔˀ ja 'bʁuːə din telə'foˀn?]

Appelez une ambulance!	**Ring efter en ambulance!** ['ʁɛŋə 'ɛftʌ en ambu'laŋsə]
C'est urgent!	**Det haster!** [de 'hastə]
C'est une urgence!	**Det er en nødsituation!** [de 'æɐ̯ en 'nød sitwa'ɕoˀn]
Dépêchez-vous, s'il vous plaît!	**Vær sød at skynde dig!** ['vɛɐ̯ 'søðˀ ʌ 'skønə 'daj]
Appelez le docteur, s'il vous plaît.	**Vil du venligst ringe til en læge?** ['ve du 'vɛnlist 'ʁɛŋə te en 'lɛːjə?]
Où est l'hôpital?	**Hvor er hospitalet?** [vɒˀ 'æɐ̯ hɔspi'tæˀləð?]

Comment vous sentez-vous?	**Hvordan har du det?** [vɒ'dan haˀ du de?]
Est-ce que ça va?	**Er du okay?** [æɐ̯ du ɔw'kɛj?]
Qu'est-il arrivé?	**Hvad er der sket?** ['vað 'æɐ̯ 'dɛˀɐ̯ 'skeˀð?]

Je me sens mieux maintenant.

Jeg har det bedre nu.
[ja hɑ' de 'bɛðʁʌ 'nu]

Ça va. Tout va bien.

Det er OK.
[de 'æɐ̯ ɔw'kɛj]

Ça va.

Det er OK.
[de 'æɐ̯ ɔw'kɛj]

À la pharmacie

pharmacie	**apotek** [ɑpoˈteˀk]
pharmacie 24 heures	**døgnåbent apotek** [ˈdʌjˀn ˈɔːbənt ɑpoˈteˀk]
Où se trouve la pharmacie la plus proche?	**Hvor er det nærmeste apotek?** [vɒˀ ˈæg̊ de ˈnæg̊məstə ɑpoˈteˀk?]
Est-elle ouverte en ce moment?	**Holder det åbent nu?** [ˈhʌlʌ de ˈɔːbənt ˈnu?]
À quelle heure ouvre-t-elle?	**Hvornår åbner det?** [vɒˈnɒˀ ˈɔːbnʌ de?]
à quelle heure ferme-t-elle?	**Hvornår lukker det?** [vɒˈnɒˀ ˈlokg̊ de?]
C'est loin?	**Er det langt væk?** [æg̊ de ˈlɑŋˀt vɛk?]
Est-ce que je peux y aller à pied?	**Kan jeg komme derhen til fods?** [ˈkanˀ ja ˈkʌmə ˈdɛˀg̊ˈhɛn te ˈfoˀðs?]
Pouvez-vous me le montrer sur la carte?	**Kan du vise mig på kortet?** [ˈkan du ˈviːsə mɑj pɔ ˈkɒˈtəð?]
Pouvez-vous me donner quelque chose contre …	**Kan du give mig noget for …** [ˈkan du giˀ mɑj ˈnoːəð fə …]
le mal de tête	**hovedpine** [ˈhoːəð̥ˌpiːnə]
la toux	**hoste** [ˈhoːstə]
le rhume	**forkølelse** [fʌˈkøˀləlsə]
la grippe	**influenza** [enfluˈɛnsa]
la fièvre	**feber** [ˈfeˀbʌ]
un mal d'estomac	**ondt i maven** [ˈɔnt i ˈmæːvən]
la nausée	**kvalme** [ˈkvalmə]
la diarrhée	**diarré** [diaˈʁɛˀ]
la constipation	**forstoppelse** [fʌˈstʌpəlsə]
un mal de dos	**rygsmerter** [ˈʁœg ˈsmæg̊tə]

les douleurs de poitrine	**brystsmerter** ['bʁœst 'smæɐ̯tə]
les points de côté	**sidesting** ['siːðə 'steŋ̍]
les douleurs abdominales	**mavesmerter** ['mæːvə 'smæɐ̯tə]

une pilule	**pille** ['pelə]
un onguent, une crème	**salve, creme** ['salvə, 'kʁɛʔm]
un sirop	**sirup** ['siʔʁɔp]
un spray	**spray** ['spʁɛj]
les gouttes	**dråber** ['dʁɔːbʌ]

Vous devez allez à l'hôpital.	**Du er nødt til at tage på hospitalet.** [du 'æɐ̯ 'nøʔt te ʌ tæʔ pɔ hɔspi'tæʔləð]
assurance maladie	**sygesikring** ['syːəˌsekʁɛŋ]
prescription	**recept** [ʁɛ'sɛpt]
produit anti-insecte	**mygge-afskrækker** ['mygə-'ɑwˌskʁakʌ]
bandages adhésifs	**hæfteplaster** ['hɛftə 'plastʌ]

Les essentiels

Excusez-moi, ...	**Undskyld, ...** ['ɔnˌskyl', ...]
Bonjour	**Hej.** ['hɑj]
Merci	**Tak.** [tɑk]
Au revoir	**Farvel.** [fɑ'vɛl]
Oui	**Ja.** ['jæ]
Non	**Nej.** [nɑj']
Je ne sais pas.	**Jeg ved det ikke.** [jɑj ve de 'ekə]
Où? | Où? | Quand?	**Hvor? | Hvorhen? | Hvornår?** ['vɒ'? | 'vɒ'ˌhɛn? | vɒ'nɒ'?]

J'ai besoin de ...	**Jeg har brug for ...** [jɑ hɑ' 'bʁu' fɐ ...]
Je veux ...	**Jeg vil ...** [jɑj ve ...]
Avez-vous ... ?	**Har du ...?** ['hɑ' du ...?]
Est-ce qu'il y a ... ici?	**Er der en ... her?** [æɐ̯ 'dɛ'ɐ̯ en ... hɛ'ɐ̯?]
Puis-je ... ?	**Må jeg ...?** [mɔ' jɑ ...?]
s'il vous plaît (pour une demande)	**... venligst** [... 'vɛnlist]

Je cherche ...	**Jeg leder efter ...** [jɑ 'le:ðə 'ɛftʌ ...]
les toilettes	**toilet** [toa'lɛt]
un distributeur	**udbetalingsautomat** [uð'be'tæ'leŋs ɑwto'mæ't]
une pharmacie	**apotek** [ɑpo'te'k]
l'hôpital	**hospital** [hɔspi'tæ'l]
le commissariat de police	**politistation** [poli'ti sta'ɕo'n]
une station de métro	**metro** ['me:tʁo]

un taxi	**taxi** ['tɑksi]
la gare	**togstation** ['tɔw sta'ɕoˀn]

Je m'appelle ...	**Mit navn er ...** [mit 'nɑwˀn 'æɐ̯ ...]
Comment vous appelez-vous?	**Hvad er dit navn?** ['vað 'æɐ̯ dit nɑwˀn?]
Aidez-moi, s'il vous plaît.	**Kan du hjælpe mig?** ['kan du 'jɛlpə mɑj?]
J'ai un problème.	**Jeg har fået et problem.** [jɑ haˀ fɔˀ et pʁo'bleˀm]
Je ne me sens pas bien.	**Jeg føler mig dårlig.** [jɑ 'føːlɐ̯ mɑj 'dɒːli]
Appelez une ambulance!	**Ring efter en ambulance!** ['ʁɛŋə 'ɛftʌ en ɑmbu'lɑŋsə]
Puis-je faire un appel?	**Må jeg foretage et opkald?** [mɔˀ jɑ 'fɔːɒ̯ˌtæˀ et 'ʌpkalˀ?]

Excusez-moi.	**Det er jeg ked af.** [de 'æɐ̯ jɑ 'keðˀ æˀ]
Je vous en prie.	**Selv tak.** [sɛlˀ tak]

je, moi	**Jeg, mig** [jɑj, mɑj]
tu, toi	**du** [du]
il	**han** [han]
elle	**hun** [hun]
ils	**de** [di]
elles	**de** [di]
nous	**vi** [vi]
vous	**I, De** [i, di]
Vous	**De** [di]

ENTRÉE	**INDGANG** ['enˌgɑŋˀ]
SORTIE	**UDGANG** ['uðˌgɑŋˀ]
HORS SERVICE	EN PANNE	**UDE AF DRIFT** ['uːðə æˀ 'dʁɛft]
FERMÉ	**LUKKET** ['lokəð]

OUVERT	**ÅBEN** [ˈɔːbən]
POUR LES FEMMES	**TIL KVINDER** [te ˈkvenʌ]
POUR LES HOMMES	**TIL MÆND** [te ˈmɛnˀ]

DICTIONNAIRE CONCIS

Cette section contient plus
de 1500 mots les plus utilisés.
Le dictionnaire inclut beaucoup
de termes gastronomiques
et peut être utile lorsque
vous faites le marché
ou commandez des plats
au restaurant

T&P Books Publishing

CONTENU DU DICTIONNAIRE

T&P Books Publishing

1. Le temps. Le calendrier

temps (m)	**tid** (f)	['tið']
heure (f)	**time** (f)	['ti:mə]
demi-heure (f)	**en halv time**	[en 'hal' 'ti:mə]
minute (f)	**minut** (i)	[me'nut]
seconde (f)	**sekund** (i)	[se'kɔn'd]
aujourd'hui (adv)	**i dag**	[i 'dæ']
demain (adv)	**i morgen**	[i 'mɒ:ɒn]
hier (adv)	**i går**	[i 'gɒ']
lundi (m)	**mandag** (f)	['man'da]
mardi (m)	**tirsdag** (f)	['tiɕ'sda]
mercredi (m)	**onsdag** (f)	['ɔn'sda]
jeudi (m)	**torsdag** (f)	['tɒ'sda]
vendredi (m)	**fredag** (f)	['fʁɛ'da]
samedi (m)	**lørdag** (f)	['lœɐda]
dimanche (m)	**søndag** (f)	['sœn'da]
jour (m)	**dag** (f)	['dæ']
jour (m) ouvrable	**arbejdsdag** (f)	['ɑ:bɒjds‚dæ']
jour (m) férié	**festdag** (f)	['fɛst‚dæ']
week-end (m)	**weekend** (f)	['wi:‚kɛnd]
semaine (f)	**uge** (f)	['u:ə]
la semaine dernière	**sidste uge**	[i 'sistə 'u:ə]
la semaine prochaine	**i næste uge**	[i 'nɛstə 'u:ə]
lever (m) du soleil	**solopgang** (f)	['so:l 'ʌp‚gaŋ']
coucher (m) du soleil	**solnedgang** (f)	['so:l 'neð‚gaŋ']
le matin	**om morgenen**	[ʌm 'mɒ:ɒnən]
dans l'après-midi	**om eftermiddagen**	[ʌm 'ɛftʌme‚dæ'ən]
le soir	**om aftenen**	[ʌm 'aftənən]
ce soir	**i aften**	[i 'aftən]
la nuit	**om natten**	[ʌm 'natən]
minuit (f)	**midnat** (f)	['mið‚nat]
janvier (m)	**januar** (f)	['janu‚ɑ']
février (m)	**februar** (f)	['febʁu‚ɑ']
mars (m)	**marts** (f)	['mɑ:ts]
avril (m)	**april** (f)	[a'pʁi'l]
mai (m)	**maj** (f)	['mɒj']
juin (m)	**juni** (f)	['ju'ni]
juillet (m)	**juli** (f)	['ju'li]
août (m)	**august** (f)	[ɑw'gɔst]

septembre (m)	**september** (f)	[sep'tɛmˀbʌ]
octobre (m)	**oktober** (f)	[ok'toˀbʌ]
novembre (m)	**november** (f)	[no'vɛmˀbʌ]
décembre (m)	**december** (f)	[de'sɛmˀbʌ]
au printemps	**om foråret**	[ʌm 'fɒːˌɒˀð]
en été	**om sommeren**	[ʌm 'sʌmʌən]
en automne	**om efteråret**	[ʌm 'ɛftʌˌɒˀð]
en hiver	**om vinteren**	[ʌm 'venˀtʌən]
mois (m)	**måned** (f)	['mɔːneð]
saison (f)	**årstid** (f)	['ɒːsˌtiðˀ]
année (f)	**år** (i)	['ɒˀ]
siècle (m)	**århundrede** (i)	[ɒ'hunʁʌðe]

2. Nombres. Adjectifs numéraux

chiffre (m)	**ciffer** (i)	['sifʌ]
nombre (m)	**tal** (i)	['tal]
moins (m)	**minus** (i)	['miːnus]
plus (m)	**plus** (i)	['plus]
somme (f)	**sum** (f)	['sɔmˀ]
premier (adj)	**første**	['fœɐstə]
deuxième (adj)	**anden**	['anən]
troisième (adj)	**tredje**	['tʁɛðjə]
zéro	**nul**	['nɔl]
un	**en**	['en]
deux	**to**	['toˀ]
trois	**tre**	['tʁɛˀ]
quatre	**fire**	['fiˀʌ]
cinq	**fem**	['fɛmˀ]
six	**seks**	['sɛks]
sept	**syv**	['sywˀ]
huit	**otte**	['ɔːtə]
neuf	**ni**	['niˀ]
dix	**ti**	['tiˀ]
onze	**elleve**	['ɛlvə]
douze	**tolv**	['tʌlˀ]
treize	**tretten**	['tʁatən]
quatorze	**fjorten**	['fjoɐtən]
quinze	**femten**	['fɛmtən]
seize	**seksten**	['sɑjstən]
dix-sept	**sytten**	['søtən]
dix-huit	**atten**	['atən]
dix-neuf	**nitten**	['netən]

vingt	tyve	['ty:və]
trente	tredive	['tʁaðvə]
quarante	fyrre	['fœɐ̯ʌ]
cinquante	halvtreds	[hal'tʁɛs]

soixante	tres	['tʁɛs]
soixante-dix	halvfjerds	[hal'fjæɐ̯s]
quatre-vingts	firs	['fiɐ̯ˀs]
quatre-vingt-dix	halvfems	[hal'fɛmˀs]
cent	hundrede	['hunʌðə]
deux cents	tohundrede	['tɔwˌhunʌðə]
trois cents	trehundrede	['tʁɛˌhunʌðə]
quatre cents	firehundrede	['fiɐ̯ˌhunʌðə]
cinq cents	femhundrede	['fɛmˌhunʌðə]

six cents	sekshundrede	['sɛksˌhunʌðə]
sept cents	syvhundrede	['sywˌhunʌðə]
huit cents	ottehundrede	['ɔ:təˌhunʌðə]
neuf cents	nihundrede	['niˌhunʌðə]
mille	tusind	['tu'sən]

dix mille	titusind	['tiˌtu'sən]
cent mille	hundredetusind	['hunʌðəˌtu'sən]
million (m)	million (f)	[mili'oˀn]
milliard (m)	milliard (f)	[mili'ɑˀd]

3. L'être humain. La famille

homme (m)	mand (f)	['manˀ]
jeune homme (m)	ung mand, yngling (f)	['ɔŋ manˀ], ['øŋleŋ]
adolescent (m)	teenager (f)	['ti:nˌɛjtɕʌ]
femme (f)	kvinde (f)	['kvenə]
jeune fille (f)	pige (f)	['pi:ə]

âge (m)	alder (f)	['alˀʌ]
adulte (m)	voksen	['vʌksən]
d'âge moyen (adj)	midaldrende	['miðˌalˀʁʌnə]
âgé (adj)	ældre	['ɛldʁʌ]
vieux (adj)	gammel	['gaməl]

vieillard (m)	gammel mand (f)	['gaməl 'manˀ]
vieille femme (f)	gammel dame (f)	['gaməl 'dæ:mə]
retraite (f)	pension (f)	[paŋ'ɕoˀn]
prendre sa retraite	at gå på pension	[ʌ gɔˀ pɔ paŋ'ɕoˀn]
retraité (m)	pensionist (f)	[paŋɕo'nist]

mère (f)	mor (f), moder (f)	['moɐ̯], ['mo:ðʌ]
père (m)	far (f), fader (f)	['fa:], ['fæ:ðʌ]
fils (m)	søn (f)	['sœn]
fille (f)	datter (f)	['datʌ]

frère (m)	bror (f)	['bʁoɐ̯]
frère (m) aîné	storebror (f)	['stoɐ̯ˌbʁoɐ̯]
frère (m) cadet	lillebror (f)	['liləˌbʁoɐ̯]
sœur (f)	søster (f)	['søstʌ]
sœur (f) aînée	storesøster (f)	['stoɐ̯ˌsøstʌ]
sœur (f) cadette	lillesøster (f)	['liləˌsøstʌ]

parents (m pl)	forældre (pl)	[fʌ'ɛl'dʁʌ]
enfant (m, f)	barn (i)	['bɑ'n]
enfants (pl)	børn (pl)	['bœɐ̯'n]
belle-mère (f)	stedmor (f)	['stɛðˌmoɐ̯]
beau-père (m)	stedfar (f)	['stɛðˌfɑː]

grand-mère (f)	bedstemor (f)	['bɛstəˌmoɐ̯]
grand-père (m)	bedstefar (f)	['bɛstəˌfɑː]
petit-fils (m)	barnebarn (i)	['bɑːnəˌbɑ'n]
petite-fille (f)	barnebarn (i)	['bɑːnəˌbɑ'n]
petits-enfants (pl)	børnebørn (pl)	['bœɐ̯nəˌbœɐ̯'n]

oncle (m)	onkel (f)	['ɔŋ'kəl]
tante (f)	tante (f)	['tantə]
neveu (m)	nevø (f)	[ne'vø]
nièce (f)	niece (f)	[ni'ɛːsə]

femme (f)	kone (f)	['koːnə]
mari (m)	mand (f)	['man']
marié (adj)	gift	['gift]
mariée (adj)	gift	['gift]
veuve (f)	enke (f)	['ɛŋkə]
veuf (m)	enkemand (f)	['ɛŋkəˌman']

| prénom (m) | navn (i) | ['nɑw'n] |
| nom (m) de famille | efternavn (i) | ['ɛftʌˌnɑw'n] |

parent (m)	slægtning (f)	['slɛgtneŋ]
ami (m)	ven (f)	['vɛn]
amitié (f)	venskab (i)	['vɛnˌskæ'b]

partenaire (m)	partner (f)	['pɑːtnʌ]
supérieur (m)	overordnet (f)	['ɒwʌˌɒ'dnəð]
collègue (m, f)	kollega (f)	[ko'leːga]
voisins (m pl)	naboer (pl)	['næːboˀʌ]

4. Le corps humain. L'anatomie

organisme (m)	organisme (f)	[ɒga'nismə]
corps (m)	krop (f)	['kʁʌp]
cœur (m)	hjerte (i)	['jæɐ̯tə]
sang (m)	blod (i)	['bloˀð]
cerveau (m)	hjerne (f)	['jæɐ̯nə]

nerf (m)	nerve (f)	['næɐ̯və]
os (m)	ben (i)	['beˀn]
squelette (f)	skelet (i)	[ske'lɛt]
colonne (f) vertébrale	rygrad (f)	['ʁœgˌʁɑˀð]
côte (f)	ribben (i)	['ʁiˌbeˀn]
crâne (m)	hovedskal (f)	['ho:əðˌskalˀ]

muscle (m)	muskel (f)	['muskəl]
poumons (m pl)	lunger (f pl)	['lɔŋʌ]
peau (f)	hud (f)	['huð̩ˀ]

tête (f)	hoved (i)	['ho:əð]
visage (m)	ansigt (i)	['ansegt]
nez (m)	næse (f)	['nɛ:sə]
front (m)	pande (f)	['panə]
joue (f)	kind (f)	['kenˀ]
bouche (f)	mund (f)	['mɔnˀ]
langue (f)	tunge (f)	['tɔŋə]
dent (f)	tand (f)	['tanˀ]
lèvres (f pl)	læber (f pl)	['lɛ:bʌ]
menton (m)	hage (f)	['hæ:jə]

oreille (f)	øre (i)	['ø:ʌ]
cou (m)	hals (f)	['halˀs]
gorge (f)	strube, hals (f)	['stʁu:bə], ['halˀs]

œil (m)	øje (i)	['ʌjə]
pupille (f)	pupil (f)	[pu'pilˀ]
sourcil (m)	øjenbryn (i)	['ʌjənˌbʁyˀn]
cil (m)	øjenvippe (f)	['ʌjənˌvepə]

cheveux (m pl)	hår (i pl)	['hɒˀ]
coiffure (f)	frisure (f)	[fʁi'sy'ʌ]
moustache (f)	moustache (f)	[mu'stæ:ɕ]
barbe (f)	skæg (i)	['skɛˀg]
porter (~ la barbe)	at have	[ʌ 'hæ:və]
chauve (adj)	skaldet	['skaləð]

main (f)	hånd (f)	['hʌnˀ]
bras (m)	arm (f)	['ɑˀm]
doigt (m)	finger (f)	['feŋˀʌ]
ongle (m)	negl (f)	['nɑjˀl]
paume (f)	håndflade (f)	['hʌnˌflæ:ðə]

épaule (f)	skulder (f)	['skulʌ]
jambe (f)	ben (i)	['beˀn]
pied (m)	fod (f)	['foˀð]
genou (m)	knæ (i)	['knɛˀ]
talon (m)	hæl (f)	['hɛˀl]

dos (m)	ryg (f)	['ʁœg]
taille (f) (~ de guêpe)	midje, talje (f)	['miðjə], ['taljə]

| grain (m) de beauté | skønhedsplet (f) | ['skœnheðs,plɛt] |
| tache (f) de vin | modermærke (i) | ['moːðʌˈmæg̊kə] |

5. Les maladies. Les médicaments

santé (f)	helse, sundhed (f)	['hɛlsə], ['sɔnˌheðˀ]
en bonne santé	frisk	['fʁɛsk]
maladie (f)	sygdom (f)	['syːˌdʌmˀ]
être malade	at være syg	[ʌ 'vɛːʌ syˀ]
malade (adj)	syg	['syˀ]

refroidissement (m)	forkølelse (f)	[fʌˈkøˀləlsə]
prendre froid	at blive forkølet	[ʌ 'bliːə fʌˈkøˀləð]
angine (f)	angina (f)	[ɑŋˈgiːna]
pneumonie (f)	lungebetændelse (f)	['loŋə beˈtɛnˀəlsə]
grippe (f)	influenza (f)	[enfluˈɛnsa]

rhume (m) (coryza)	snue (f)	['snuːə]
toux (f)	hoste (f)	['hoːstə]
tousser (vi)	at hoste	[ʌ 'hoːstə]
éternuer (vi)	at nyse	[ʌ 'nyːsə]

insulte (f)	hjerneblødning (f)	['jæg̊nəˌbløðneŋ]
crise (f) cardiaque	infarkt (i, f)	[enˈfɑːkt]
allergie (f)	allergi (f)	[alæg̊ˈgiˀ]
asthme (m)	astma (f)	['astma]
diabète (m)	diabetes (f)	[diaˈbeːtəs]

tumeur (f)	svulst, tumor (f)	['svulˀst], ['tuːmɒ]
cancer (m)	kræft (f), cancer (f)	['kʁaft], ['kanˀsʌ]
alcoolisme (m)	alkoholisme (f)	[alkohoˈlismə]
SIDA (m)	AIDS (f)	['ɛjds]
fièvre (f)	feber (f)	['feˀbʌ]
mal (m) de mer	søsyge (f)	['søˌsyːə]

bleu (m)	blåt mærke (i)	['blʌt 'mæg̊kə]
bosse (f)	bule (f)	['buːlə]
boiter (vi)	at halte	[ʌ 'haltə]
foulure (f)	forvridning (f)	[fʌˈvʁiðˀneŋ]
se démettre (l'épaule, etc.)	at forvride	[ʌ fʌˈvʁiðˀə]

fracture (f)	brud (i), fraktur (f)	['bʁuð], [fʁakˈtug̊ˀ]
brûlure (f)	brandsår (i)	['bʁanˌsɒˀ]
blessure (f)	skade (f)	['skæːðə]
douleur (f)	smerte (f)	['smæg̊tə]
mal (m) de dents	tandpine (f)	['tanˌpiːnə]

suer (vi)	at svede	[ʌ 'sveːðə]
sourd (adj)	døv	['døˀw]
muet (adj)	stum	['stɔmˀ]

immunité (f)	immunitet (f)	[imuni'teˀt]
virus (m)	virus (i, f)	['viːʁus]
microbe (m)	mikrobe (f)	[mi'kʁoːbə]
bactérie (f)	bakterie (f)	[bak'teɐ̯ˀiə]
infection (f)	infektion (f)	[enfɛk'ɕoˀn]
hôpital (m)	sygehus (i)	['syːəˌhuˀs]
cure (f) (faire une ~)	kur, behandling (f)	['kuɐ̯ˀ], [be'hanˀleŋ]
vacciner (vt)	at vaccinere	[ʌ vaksi'neˀʌ]
être dans le coma	at ligge i koma	[ʌ 'legə i 'koːma]
réanimation (f)	intensivafdeling (f)	['entənˌsiwˀ 'awˌdeˀleŋ]
symptôme (m)	symptom (i)	[sym'toˀm]
pouls (m)	puls (f)	['pulˀs]

6. Les sensations. Les émotions. La communication

je	jeg	['jɑj]
tu	du	[du]
il	han	['han]
elle	hun	['hun]
ça	den, det	['dən], [de]
nous	vi	['vi]
vous	I	[i]
ils, elles	de	['di]
Bonjour! (fam.)	Hej!	['hɑj]
Bonjour! (form.)	Hallo! Goddag!	[ha'lo], [go'dæˀ]
Bonjour! (le matin)	Godmorgen!	[go'mɒːɒn]
Bonjour! (après-midi)	Goddag!	[go'dæˀ]
Bonsoir!	Godaften!	[go'aftən]
dire bonjour	at hilse	[ʌ 'hilsə]
saluer (vt)	at hilse	[ʌ 'hilsə]
Comment allez-vous?	Hvordan har De det?	[vɒ'dan ha di de]
Comment ça va?	Hvordan går det?	[vɒ'dan gɒ: de]
Au revoir! (form.)	Farvel!	[fa'vɛl]
Au revoir! (fam.)	Hej hej!	['hɑj 'hɑj]
Merci!	Tak!	['tak]
sentiments (m pl)	følelser (f pl)	['føːləlsʌ]
avoir faim	at være sulten	[ʌ 'vɛːʌ 'sultən]
avoir soif	at være tørstig	[ʌ 'vɛːʌ 'tœɐ̯sti]
fatigué (adj)	træt	['tʁat]
s'inquiéter (vp)	at bekymre sig	[ʌ be'køm'ʁʌ saj]
s'énerver (vp)	at være nervøs	[ʌ 'vɛːʌ næɐ̯'vøˀs]
espoir (m)	håb (i)	['hɔˀb]
espérer (vi)	at håbe	[ʌ 'hɔːbə]
caractère (m)	karakter (f)	[kɑɑk'teˀɐ̯]

modeste (adj)	beskeden	[be'skeˀðən]
paresseux (adj)	doven	['dɒwən]
généreux (adj)	generøs	[ɕenəˈʁœˀs]
doué (adj)	talentfuld	[taˈlɛntˌfulˀ]

honnête (adj)	ærlig	['æɐli]
sérieux (adj)	alvorlig	[alˈvɒˀli]
timide (adj)	forsagthed, genert	[ɕeˈnɛɡˀtˌheðˀ], [ɕeˈnɛɡˀt]
sincère (adj)	oprigtig	[ʌpˈʁɛgti]
peureux (m)	kryster (f)	['kʁystʌ]

dormir (vi)	at sove	[ʌ 'sɒwə]
rêve (m)	drøm (f)	['dʁœmˀ]
lit (m)	seng (f)	['sɛŋˀ]
oreiller (m)	pude (f)	['puːðə]

insomnie (f)	søvnløshed (f)	['sœwnløsˌheðˀ]
aller se coucher	at gå i seng	[ʌ 'gɔˀ i 'sɛŋˀ]
cauchemar (m)	mareridt (i)	['maːɑˌʁit]
réveil (m)	vækkeur (i)	['vɛkəˌuɡˀ]

sourire (m)	smil (i)	['smiˀl]
sourire (vi)	at smile	[ʌ 'smiːlə]
rire (vi)	at le, at grine	[ʌ 'leˀ], [ʌ 'gʁiːnə]

dispute (f)	skænderi (i)	[skɛnʌˈʁiˀ]
insulte (f)	fornærmelse (f)	[fʌˈnæɡˀməlsə]
offense (f)	fornærmelse (f)	[fʌˈnæɡˀməlsə]
fâché (adj)	vred	['vʁɛðˀ]

7. Les vêtements. Les accessoires personnels

vêtement (m)	tøj (i), klæder (i pl)	['tʌj], ['klɛːðʌ]
manteau (m)	frakke (f)	['fʁɑkə]
manteau (m) de fourrure	pels (f), pelskåbe (f)	['pɛlˀs], ['pɛlsˌkɔːbə]
veste (f) (~ en cuir)	jakke (f)	['jɑkə]
imperméable (m)	regnfrakke (f)	['ʁɑjnˌfʁɑkə]
chemise (f)	skjorte (f)	['skjoɡtə]
pantalon (m)	bukser (pl)	['bɔksʌ]
veston (m)	jakke (f)	['jɑkə]
complet (m)	jakkesæt (i)	['jɑkəˌsɛt]

robe (f)	kjole (f)	['kjoːlə]
jupe (f)	nederdel (f)	['neðʌˌdeˀl]
tee-shirt (m)	t-shirt (f)	['tiːˌɕœːt]
peignoir (m) de bain	badekåbe (f)	['bæːðəˌkɔːbə]
pyjama (m)	pyjamas (f)	[py'jæːmas]
tenue (f) de travail	arbejdstøj (i)	['ɑːbɑjdsˌtʌj]
sous-vêtements (m pl)	undertøj (i)	['ɔnʌˌtʌj]
chaussettes (f pl)	sokker (f pl)	['sʌkʌ]

soutien-gorge (m)	bh (f), brystholder (f)	[be'hɔˀ], ['bʁœstˌhʌlˀʌ]
collants (m pl)	strømpebukser (pl)	['stʁœmbeˌbɔksʌ]
bas (m pl)	strømper (f pl)	['stʁœmpʌ]
maillot (m) de bain	badedragt (f)	['bæːðeˌdʁɑgt]

chapeau (m)	hue (f)	['huːe]
chaussures (f pl)	sko (f)	['skoˀ]
bottes (f pl)	støvler (f pl)	['stœwlʌ]
talon (m)	hæl (f)	['hɛˀl]
lacet (m)	snøre (f)	['snɶːʌ]
cirage (m)	skocreme (f)	['skoˌkʁɛˀm]

coton (m)	bomuld (i, f)	['bʌˌmulˀ]
laine (f)	uld (f)	['ulˀ]
fourrure (f)	pels (f)	['pɛlˀs]

gants (m pl)	handsker (f pl)	['hanskʌ]
moufles (f pl)	vanter (f pl)	['vanˀtʌ]
écharpe (f)	halstørklæde (i)	['hals 'tɶɐ̯ˌklɛːðe]
lunettes (f pl)	briller (pl)	['bʁɛlʌ]
parapluie (m)	paraply (f)	[paɑ'plyˀ]

cravate (f)	slips (i)	['sleps]
mouchoir (m)	lommetørklæde (i)	['lʌmeˌtɶɐ̯klɛːðe]
peigne (m)	kam (f)	['kɑmˀ]
brosse (f) à cheveux	hårbørste (f)	['hɒˌbɶɐ̯ste]
boucle (f)	spænde (i)	['spɛne]
ceinture (f)	bælte (i)	['bɛlte]
sac (m) à main	dametaske (f)	['dæːmeˌtaske]

col (m)	krave (f)	['kʁɑːve]
poche (f)	lomme (f)	['lʌme]
manche (f)	ærme (i)	['ɛɐ̯me]
braguette (f)	gylp (f)	['gylˀp]

fermeture (f) à glissière	lynlås (f)	['lynˌlɔˀs]
bouton (m)	knap (f)	['knɑp]
se salir (vp)	at smudse sig til	[ʌ 'smuse sɑ 'tel]
tache (f)	plet (f)	['plɛt]

8. La ville. Les établissements publics

magasin (m)	forretning (f), butik (f)	[fʌ'ʁatnen], [bu'tik]
centre (m) commercial	indkøbscenter (i)	['enˌkøˀbs ˌsɛnˀtʌ]
supermarché (m)	supermarked (i)	['suˀpʌˌmaːkeð]
magasin (m) de chaussures	skotøjsforretning (f)	['skoˌtʌjs fʌ'ʁatnen]
librairie (f)	boghandel (f)	['bɔwˌhanˀel]

pharmacie (f)	apotek (i)	[ɑpo'teˀk]
boulangerie (f)	bageri (i)	[bæjʌ'ʁiˀ]

pâtisserie (f)	konditori (i)	[kʌnditʌˈʁiˀ]
épicerie (f)	købmandsbutik (f)	[ˈkømans buˈtik]
boucherie (f)	slagterbutik (f)	[ˈslagtʌ buˈtik]
magasin (m) de légumes	grønthandel (f)	[ˈgʁɶntˌhanˀəl]
marché (m)	marked (i)	[ˈmɑːkəð]

salon (m) de coiffure	frisørsalon (f)	[fʁiˈsøɐ̯ saˌlʌŋ]
poste (f)	postkontor (i)	[ˈpʌst kɔnˈtoˀɐ̯]
pressing (m)	renseri (i)	[ʁansʌˈʁiˀ]
cirque (m)	cirkus (i)	[ˈsiɐ̯kus]
zoo (m)	zoologisk have (f)	[sooˈloˀisk ˈhæːvə]

théâtre (m)	teater (i)	[teˈæˀtʌ]
cinéma (m)	biograf (f)	[bioˈgʁɑˀf]
musée (m)	museum (i)	[muˈsɛːɔm]
bibliothèque (f)	bibliotek (i)	[biblioˈteˀk]

mosquée (f)	moske (f)	[moˈskeˀ]
synagogue (f)	synagoge (f)	[synaˈgoːə]
cathédrale (f)	katedral (f)	[kateˈdʁɑˀl]
temple (m)	tempel (i)	[ˈtɛmˀpəl]
église (f)	kirke (f)	[ˈkiɐ̯kə]

institut (m)	institut (i)	[ensdiˈtut]
université (f)	universitet (i)	[univæɐ̯siˈteˀt]
école (f)	skole (f)	[ˈskoːlə]

hôtel (m)	hotel (i)	[hoˈtɛlˀ]
banque (f)	bank (f)	[ˈbaŋˀk]
ambassade (f)	ambassade (f)	[ambaˈsæːðə]
agence (f) de voyages	rejsebureau (i)	[ˈʁɑjsə byˌʁo]

métro (m)	metro (f)	[ˈmeːtʁo]
hôpital (m)	sygehus (i)	[ˈsyːəˌhuˀs]
station-service (f)	tankstation (f)	[ˈtɑŋk staˈɕˀon]
parking (m)	parkeringsplads (f)	[pɑˈkeˀɐ̯eŋsˌplas]

ENTRÉE	INDGANG	[ˈenˌgɑŋˀ]
SORTIE	UDGANG	[ˈuðˌgɑŋˀ]
POUSSER	TRYK	[ˈtʁœk]
TIRER	TRÆK	[ˈtʁak]
OUVERT	ÅBENT	[ˈɔːbənt]
FERMÉ	LUKKET	[ˈlɔkəð]

monument (m)	monument (i)	[monuˈmɛnˀt]
forteresse (f)	fæstning (f)	[ˈfɛstneŋ]
palais (m)	palads (i)	[paˈlas]

médiéval (adj)	middelalderlig	[ˈmiðəlˌalˀʌli]
ancien (adj)	gammel	[ˈgaməl]
national (adj)	national	[naɕoˈnæˀl]
connu (adj)	kendt, berømt	[ˈkɛnˀt], [beˈʁœmˀt]

9. L'argent. Les finances

argent (m)	penge (pl)	['pɛŋə]
monnaie (f)	mønt (f)	['mønʔt]
dollar (m)	dollar (f)	['dʌlʌ]
euro (m)	euro (f)	['œwʁo]
distributeur (m)	pengeautomat (f)	['pɛŋə ɑwto'mæʔt]
bureau (m) de change	vekselkontor (i)	['vɛksəl kɔn'to'ɐ̯]
cours (m) de change	kurs (f)	['kuɐ̯'s]
espèces (f pl)	kontanter (pl)	[kɔn'tanʔtʌ]
Combien?	Hvor meget?	[vɒʔ 'maɑð]
payer (régler)	at betale	[ʌ be'tæʔlə]
paiement (m)	betaling (f)	[be'tæʔleŋ]
monnaie (f) (rendre la ~)	byttepenge (pl)	['bytə pɛŋə]
prix (m)	pris (f)	['pʁi's]
rabais (m)	rabat (f)	[ʁɑ'bat]
bon marché (adj)	billig	['bili]
cher (adj)	dyr	['dyɐ̯ʔ]
banque (f)	bank (f)	['baŋʔk]
compte (m)	konto (f)	['kʌnto]
carte (f) de crédit	kreditkort (i)	[kʁɛ'dit kɔːt]
chèque (m)	check (f)	['ɕɛk]
faire un chèque	at skrive en check	[ʌ 'skʁiːvə en 'ɕɛk]
chéquier (m)	checkhæfte (i)	['ɕɛk hɛftə]
dette (f)	gæld (f)	['gɛlʔ]
débiteur (m)	skyldner (f)	['skylnʌ]
prêter (vt)	at låne ud	[ʌ 'lɔːnə ˌuðʔ]
emprunter (vt)	at låne	[ʌ 'lɔːnə]
louer (une voiture, etc.)	at leje	[ʌ 'lajə]
à crédit (adv)	på kredit	[pɔ kʁɛ'dit]
portefeuille (m)	tegnebog (f)	['tajnə ˌbɔ'w]
coffre fort (m)	pengeskab (i)	['pɛŋə ˌskæʔb]
héritage (m)	arv (f)	['ɑʔw]
fortune (f)	formue (f)	['fɔːˌmuːə]
impôt (m)	skat (f)	['skat]
amende (f)	bøde (f)	['bøːðə]
mettre une amende	at give bødestraf	[ʌ 'giʔ 'bøːðə ˌstʁaf]
en gros (adj)	engros-	[aŋ'gʁo-]
au détail (adj)	detail-	[de'tajl-]
assurer (vt)	at forsikre	[ʌ fʌ'sekʁʌ]
assurance (f)	forsikring (f)	[fʌ'sekʁɛn]
capital (m)	kapital (f)	[kapi'tæʔl]
chiffre (m) d'affaires	omsætning (f)	['ʌm ˌsɛtneŋ]

action (f)	aktie (f)	['ɑkɕə]
profit (m)	profit, fortjeneste (f)	[pʁoˈfit], [fʌˈtjɛˀnɛstə]
profitable (adj)	profitabel	[pʁofiˈtæˀbəl]

crise (f)	krise (f)	['kʁiˀsə]
faillite (f)	konkurs (f)	[kʌŋˈkuɐ̯ˀs]
faire faillite	at gå konkurs	[ʌ 'gɔˀ kʌŋˈkuɐ̯ˀs]

comptable (m)	bogholder (f)	['bɔwˌhʌlʌ]
salaire (m)	løn (f)	['lœnˀ]
prime (f)	bonus (f), gratiale (i)	['boːnus], [gʁɑtiˈæːlə]

10. Les transports

autobus (m)	bus (f)	['bus]
tramway (m)	sporvogn (f)	['spoɐ̯ˌvɒwˀn]
trolleybus (m)	trolleybus (f)	['tʁʌliˌbus]

prendre ...	at køre på ...	[ʌ 'køːʌ 'pɔˀ ...]
monter (dans l'autobus)	at stå på ...	[ʌ stɔˀ 'pɔˀ ...]
descendre de ...	at stå af ...	[ʌ stɔˀ 'æˀ ...]

arrêt (m)	stop, stoppested (i)	['stʌp], ['stʌpəstɛð]
terminus (m)	endestation (f)	['ɛnəstaˈɕoˀn]
horaire (m)	køreplan (f)	['køːʌˌplæˀn]
ticket (m)	billet (f)	[biˈlɛt]
être en retard	at komme for sent	[ʌ 'kʌmə fʌ 'seˀnt]

taxi (m)	taxi (f)	['tɑksi]
en taxi	i taxi	[i 'tɑksi]
arrêt (m) de taxi	taxiholdeplads (f)	['tɑksi 'hʌləˌplas]

trafic (m)	trafik (f)	[tʁɑˈfik]
heures (f pl) de pointe	myldretid (f)	['mylʁʌˌtiðˀ]
se garer (vp)	at parkere	[ʌ pɑˈkeˀʌ]

métro (m)	metro (f)	['meːtʁo]
station (f)	station (f)	[staˈɕoˀn]
train (f)	tog (i)	['toˀw]
gare (f)	banegård (f)	['bæːnəˌgɒˀ]
rails (m pl)	skinner (f pl)	['skenʌ]
compartiment (m)	kupe, kupé (f)	[kuˈpeˀ]
couchette (f)	køje (f)	['kʌjə]

avion (m)	fly (i)	['flyˀ]
billet (m) d'avion	flybillet (f)	['fly biˈlɛt]
compagnie (f) aérienne	flyselskab (i)	['flyˀsɛlˌskæˀb]
aéroport (m)	lufthavn (f)	['lɔftˌhɑwˀn]
vol (m) (~ d'oiseau)	flyvning (f)	['flywnɛŋ]
bagage (m)	bagage (f)	[baˈgæːɕə]

chariot (m)	bagagevogn (f)	[ba'gæːɕəˌvɒw'n]
bateau (m)	skib (i)	['ski'b]
bateau (m) de croisière	cruiseskib (i)	['kɹuːsˌski'b]
yacht (m)	yacht (f)	['jɑgt]
canot (m) à rames	båd (f)	['bɔ'ð]
capitaine (m)	kaptajn (f)	[kɑp'tɑj'n]
cabine (f)	kahyt (f)	[ka'hyt]
port (m)	havn (f)	['hɑw'n]
vélo (m)	cykel (f)	['sykəl]
scooter (m)	scooter (f)	['skuːtʌ]
moto (f)	motorcykel (f)	['moːtʌˌsykəl]
pédale (f)	pedal (f)	[pe'dæ'l]
pompe (f)	pumpe (f)	['pɔmpə]
roue (f)	hjul (i)	['ju'l]
automobile (f)	bil (f)	['bi'l]
ambulance (f)	ambulance (f)	[ɑmbu'lɑŋsə]
camion (m)	lastbil (f)	['lastˌbi'l]
d'occasion (adj)	brugt	['bʁɔgt]
accident (m) de voiture	bilulykke (f)	['bil 'uˌløkə]
réparation (f)	reparation (f)	[ʁɛpʁɑ'ɕo'n]

11. Les produits alimentaires. Partie 1

viande (f)	kød (i)	['køð]
poulet (m)	høne (f)	['høːnə]
canard (m)	and (f)	['an']
du porc	flæsk (i)	['flɛsk]
du veau	kalvekød (i)	['kalvəˌkøð]
du mouton	lammekød (i)	['lɑməˌkøð]
du bœuf	oksekød (i)	['ʌksəˌkøð]
saucisson (m)	pølse (f)	['pølsə]
œuf (m)	æg (i)	['ɛ'g]
poisson (m)	fisk (f)	['fesk]
fromage (m)	ost (f)	['ɔst]
sucre (m)	sukker (i)	['sɔkʌ]
sel (m)	salt (i)	['sal't]
riz (m)	ris (f)	['ʁi's]
pâtes (m pl)	pasta (f)	['pasta]
beurre (m)	smør (i)	['smœɐ̯]
huile (f) végétale	vegetabilsk olie (f)	[vegəta'bi'lsk 'oljə]
pain (m)	brød (i)	['bʁœð']
chocolat (m)	chokolade (f)	[ɕoko'læːðə]
vin (m)	vin (f)	['vi'n]
café (m)	kaffe (f)	['kɑfə]

lait (m)	mælk (f)	['mɛlˀk]
jus (m)	juice (f)	['dʒuːs]
bière (f)	øl (i)	['øl]
thé (m)	te (f)	['teˀ]

tomate (f)	tomat (f)	[to'mæˀt]
concombre (m)	agurk (f)	[a'guɐ̯k]
carotte (f)	gulerod (f)	['guleˌʁoˀð]
pomme (f) de terre	kartoffel (f)	[kɑ'tʌfəl]
oignon (m)	løg (i)	['lʌjˀ]
ail (m)	hvidløg (i)	['við̩ˌlʌjˀ]

chou (m)	kål (f)	['kɔˀl]
betterave (f)	rødbede (f)	[ʁœð'beːðə]
aubergine (f)	aubergine (f)	[obæɡ'ɕiːn]
fenouil (m)	dild (f)	['dilˀ]
laitue (f) (salade)	salat (f)	[sa'læˀt]
maïs (m)	majs (f)	['mɑjˀs]

fruit (m)	frugt (f)	['fʁɔgt]
pomme (f)	æble (i)	['ɛˀblə]
poire (f)	pære (f)	['pɛˀʌ]
citron (m)	citron (f)	[si'tʁoˀn]
orange (f)	appelsin (f)	[ɑpəl'siˀn]
fraise (f)	jordbær (i)	['joɐ̯ˌbæɡ]

prune (f)	blomme (f)	['blʌmə]
framboise (f)	hindbær (i)	['henˌbæɡ]
ananas (m)	ananas (f)	['ananas]
banane (f)	banan (f)	[ba'næˀn]
pastèque (f)	vandmelon (f)	['van me'loˀn]
raisin (m)	drue (f)	['dʁuːə]
melon (m)	melon (f)	[me'loˀn]

12. Les produits alimentaires. Partie 2

cuisine (f)	køkken (i)	['køkən]
recette (f)	opskrift (f)	['ʌpˌskʁɛft]
nourriture (f)	mad (f)	['mað]

prendre le petit déjeuner	at spise morgenmad	[ʌ 'spiːsə 'mɔːɒnˌmað]
déjeuner (vi)	at spise frokost	[ʌ 'spiːsə 'fʁɔkʌst]
dîner (vi)	at spise aftensmad	[ʌ 'spiːsə 'ɑftənsˌmað]

goût (m)	smag (f)	['smæˀj]
bon (savoureux)	lækker	['lɛkʌ]
froid (adj)	kold	['kʌlˀ]
chaud (adj)	hed, varm	['heðˀ], ['vɑˀm]
sucré (adj)	sød	['søðˀ]
salé (adj)	saltet	['saltəð]

sandwich (m)	smørrebrød (i)	['smœɐ̯ʌˌbʁœð']
garniture (f)	tilbehør (i)	['telbeˌhø'ɐ̯]
garniture (f)	fyld (i, f)	['fyl']
sauce (f)	sovs, sauce (f)	['sɒw's]
morceau (m)	stykke (i)	['støkə]

régime (m)	diæt (f)	[di'ɛ't]
vitamine (f)	vitamin (i)	[vita'mi'n]
calorie (f)	kalorie (f)	[ka'loɐ̯'jə]
végétarien (m)	vegetar, vegetarianer (f)	[vege'ta'], [vegətɑi'æ'nʌ]

restaurant (m)	restaurant (f)	[ʁɛsto'ʁɑn]
salon (m) de café	cafe, kaffebar (f)	[ka'fe'], ['kɑfəˌbɑ']
appétit (m)	appetit (f)	[ɑpə'tit]
Bon appétit!	Velbekomme!	['vɛlbe'kʌm'ə]

serveur (m)	tjener (f)	['tjɛ:nʌ]
serveuse (f)	servitrice (f)	[sæɐ̯vi'tʁi:sə]
barman (m)	bartender (f)	['bɑːˌtɛndʌ]
carte (f)	menu (f)	[me'ny]

cuillère (f)	ske (f)	['ske']
couteau (m)	kniv (f)	['kniw']
fourchette (f)	gaffel (f)	['gɑfəl]
tasse (f)	kop (f)	['kʌp]

assiette (f)	tallerken (f)	[ta'læɐ̯kən]
soucoupe (f)	underkop (f)	['ɔnʌˌkʌp]
serviette (f)	serviet (f)	[sæɐ̯vi'ɛt]
cure-dent (m)	tandstikker (f)	['tanˌstekʌ]

commander (vt)	at bestille	[ʌ be'stel'ə]
plat (m)	ret (f)	['ʁat]
portion (f)	portion (f)	[pɒ'ɕo'n]
hors-d'œuvre (m)	forret (f)	['fɒːʁat]
salade (f)	salat (f)	[sa'læ't]
soupe (f)	suppe (f)	['sɔpə]

dessert (m)	dessert (f)	[de'sɛɐ̯'t]
confiture (f)	syltetøj (i)	['syltəˌtʌj]
glace (f)	is (f)	['i's]
addition (f)	regning (f)	['ʁɑjneŋ]
régler l'addition	at betale regningen	[ʌ be'tæ'lə 'ʁɑjneŋən]
pourboire (m)	drikkepenge (pl)	['dʁɛkəˌpeŋə]

13. La maison. L'appartement. Partie 1

maison (f)	hus (i)	['hu's]
maison (f) de campagne	fritidshus (i)	['fʁitiðsˌhu's]
villa (f)	villa (f)	['vila]

étage (m)	etage (f)	[e'tæ'ɕə]
entrée (f)	indgang (f)	['en,gɑŋ']
mur (m)	mur (f), væg (f)	['muɐ̯'], ['vɛ'g]
toit (m)	tag (i)	['tæ'j]
cheminée (f)	skorsten (f)	['skɒːˌste'n]
grenier (m)	loft (i)	['lʌft]
fenêtre (f)	vindue (i)	['vendu]
rebord (m)	vindueskarm (f)	['vendusˌkɑ'm]
balcon (m)	balkon, altan (f)	[bal'kʌn], [al'tæ'n]
escalier (m)	trappe (f)	['tʁɑpə]
boîte (f) à lettres	postkasse (f)	['pʌstˌkasə]
poubelle (f) d'extérieur	skraldebøtte (f)	['skʁɑlə̩bøtə]
ascenseur (m)	elevator (f)	[elə'væːtʌ]
électricité (f)	elektricitet (f)	[elɛktʁisi'te't]
ampoule (f)	elpære (f)	['ɛlˌpɛ'ʌ]
interrupteur (m)	afbryder (f)	['ɑwˌbʁyð'ʌ]
prise (f)	stikkontakt (f)	['stek kɔn'tɑkt]
fusible (m)	sikring (f)	['sekʁɛŋ]
porte (f)	dør (f)	['dœ'ɐ̯]
poignée (f)	dørhåndtag (i)	['dœɐ̯ˌhʌn'ˌtæ'j]
clé (f)	nøgle (f)	['nʌjlə]
paillasson (m)	dørmåtte (f)	['dœɐ̯ˌmʌtə]
serrure (f)	dørlås (f)	['dœɐ̯ˌlɔ's]
sonnette (f)	ringeklokke (f)	['ʁeŋə̩klʌkə]
coups (m pl) à la porte	banker (f pl)	['bɑŋkʌ]
frapper (~ à la porte)	at banke	[ʌ 'bɑŋkə]
judas (m)	kighul (i)	['kigˌhɔl]
cour (f)	gård (f)	['gɒ']
jardin (m)	have (f)	['hæːvə]
piscine (f)	svømmebassin (i)	['svœməbaˌsɛŋ]
salle (f) de gym	gym (i)	['dʒyːm']
court (m) de tennis	tennisbane (f)	['tɛnisˌbæːnə]
garage (m)	garage (f)	[gɑ'ʁɑːɕə]
propriété (f) privée	privat ejendom (f)	[pʁi'væ't 'ɑjən̩dʌm']
panneau d'avertissement	advarselsskilt (i)	['ɑðˌvɑːsəls 'skel't]
sécurité (f)	sikkerhed (f)	['sekʌˌheð']
agent (m) de sécurité	sikkerhedsvagt (f)	['sekʌˌheðs 'vɑgt]
rénovation (f)	renovering (f)	[ʁeno've'ɐ̯eŋ]
faire la rénovation	at renovere	[ʌ ʁeno've'ʌ]
remettre en ordre	at bringe orden	[ʌ 'bʁeŋə 'ɒ'dən]
peindre (des murs)	at male	[ʌ 'mæːlə]
papier (m) peint	tapet (i)	[ta'pe't]
vernir (vt)	at lakere	[ʌ la'ke'ʌ]
tuyau (m)	rør (i)	['ʁœ'ɐ̯]

91

outils (m pl)	værktøjer (i pl)	[ˈvæɐ̯kˌtʌjʌ]
sous-sol (m)	kælder (f)	[ˈkɛlʌ]
égouts (m pl)	afløb (i)	[ˈɑwˌløˀb]

14. La maison. L'appartement. Partie 2

appartement (m)	lejlighed (f)	[ˈlɑjliˌheðˀ]
chambre (f)	rum, værelse (i)	[ˈʁɔmˀ], [ˈvæɐ̯ʌlsə]
chambre (f) à coucher	soveværelse (i)	[ˈsɔwəˌvæɐ̯ʌlsə]
salle (f) à manger	spisestue (f)	[ˈspiːsəˌstuːə]
salon (m)	dagligstue (f)	[ˈdɑwliˌstuːə]
bureau (m)	arbejdsværelse (i)	[ˈɑːbɑjdsˌvæɐ̯ʌlsə]
antichambre (f)	entre (f), forstue (f)	[ɑŋˈtʁɛ], [ˈfɔˌstuːə]
salle (f) de bains	badeværelse (i)	[ˈbæːðəˌvæɐ̯ʌlsə]
toilettes (f pl)	toilet (i)	[toaˈlɛt]
plancher (m)	gulv (i)	[ˈɡɔl]
plafond (m)	loft (i)	[ˈlʌft]
essuyer la poussière	at tørre støv	[ʌ ˈtœɐ̯ʌ ˈstøˀw]
aspirateur (m)	støvsuger (f)	[ˈstøwˌsuˀʌ]
passer l'aspirateur	at støvsuge	[ʌ ˈstøwˌsuˀə]
balai (m) à franges	moppe (f)	[ˈmʌpə]
torchon (m)	klud (f)	[ˈkluðˀ]
balayette (f) de sorgho	fejekost (f)	[ˈfɑjəˌkɔst]
pelle (f) à ordures	fejeblad (i)	[ˈfɑjəˌblɑð]
meubles (m pl)	møbler (pl)	[ˈmøˀblʌ]
table (f)	bord (i)	[ˈboˀɐ̯]
chaise (f)	stol (f)	[ˈstoˀl]
fauteuil (m)	lænestol (f)	[ˈlɛːnəˌstoˀl]
bibliothèque (f) (meuble)	bogskab (i)	[ˈbɔwˌskæːb]
rayon (m)	hylde (f)	[ˈhylə]
armoire (f)	klædeskab (i)	[ˈklɛːðəˌskæˀb]
miroir (m)	spejl (i)	[ˈspɑjˀl]
tapis (m)	tæppe (i)	[ˈtɛpə]
cheminée (f)	pejs (f), kamin (f)	[ˈpɑjˀs], [kaˈmiˀn]
rideaux (m pl)	gardiner (i pl)	[ɡɑˈdiˀnʌ]
lampe (f) de table	bordlampe (f)	[ˈboɐ̯ˌlampə]
lustre (m)	lysekrone (f)	[ˈlysəˌkʁoːnə]
cuisine (f)	køkken (i)	[ˈkøkən]
cuisinière (f) à gaz	gaskomfur (i)	[ˈɡasˌkɔmˈfuɐ̯ˀ]
cuisinière (f) électrique	elkomfur (i)	[ˈɛlˌkɔmˈfuɐ̯ˀ]
four (m) micro-ondes	mikroovn (f)	[ˈmikʁoˌɔwˀn]
réfrigérateur (m)	køleskab (i)	[ˈkøːləˌskæˀb]
congélateur (m)	fryser (f)	[ˈfʁyːsʌ]

| lave-vaisselle (m) | opvaskemaskine (f) | [ʌp'vaskə ma'skiːnə] |
| robinet (m) | hane (f) | ['hæːnə] |

hachoir (m) à viande	kødhakker (f)	['køðˌhakʌ]
centrifugeuse (f)	juicepresser (f)	['dʒuːsˌpʁasʌ]
grille-pain (m)	brødrister, toaster (f)	['bʁœðˌʁɛstʌ], ['tɔwstʌ]
batteur (m)	mikser, mixer (f)	['meksʌ]

machine (f) à café	kaffemaskine (f)	['kafə ma'skiːnə]
bouilloire (f)	kedel (f)	['keðəl]
théière (f)	tekande (f)	['teˌkanə]

téléviseur (m)	tv, fjernsyn (i)	['teˀˌve'], ['fjæɐ̯nˌsyˀn]
magnétoscope (m)	video (f)	['viˀdjo]
fer (m) à repasser	strygejern (i)	['stʁyəjæɐ̯ˀn]
téléphone (m)	telefon (f)	[teleˈfoˀn]

15. Les occupations. Le statut social

directeur (m)	direktør (f)	[diɐ̯əkˈtøˀɐ̯]
supérieur (m)	overordnet (f)	['ɒwʌˌɒˀdnəð]
président (m)	præsident (f)	[pʁɛsiˈdɛnˀt]
assistant (m)	assistent (f)	[asiˈstɛnˀt]
secrétaire (m, f)	sekretær (f)	[sekʁəˈtɛˀɐ̯]

propriétaire (m)	ejer (f)	['ɑjʌ]
partenaire (m)	partner (f)	['pɑːtnʌ]
actionnaire (m)	aktionær (f)	[akɕoˈnɛˀɐ̯]

homme (m) d'affaires	forretningsmand (f)	[fʌˈʁatneŋsˌmanˀ]
millionnaire (m)	millionær (f)	[miljoˈnɛˀɐ̯]
milliardaire (m)	milliardær (f)	[miljɑˈdɛˀɐ̯]

acteur (m)	skuespiller (f)	['skuːəˌspelʌ]
architecte (m)	arkitekt (f)	[akiˈtɛkt]
banquier (m)	bankier (f)	[baŋˈkje]
courtier (m)	mægler (f)	['mɛjlʌ]
vétérinaire (m)	dyrlæge (f)	['dyɐ̯ˌlɛːjə]
médecin (m)	læge (f)	['lɛːjə]
femme (f) de chambre	stuepige (f)	['stuəˌpiːə]
designer (m)	designer (f)	[de'sɑjnʌ]
correspondant (m)	korrespondent (f)	[kɒɒspʌnˈdɛnˀt]
livreur (m)	bud (i)	['buð]

électricien (m)	elektriker (f)	[eˈlɛktʁikʌ]
musicien (m)	musiker (f)	['muˀsikʌ]
baby-sitter (m, f)	barnepige (f)	['baːnəˌpiːə]
coiffeur (m)	frisør (f)	[fʁiˈsøˀɐ̯]
berger (m)	hyrde (f)	['hyɐ̯də]
chanteur (m)	sanger (f)	['sɑŋʌ]

traducteur (m)	oversætter (f)	['ɒwʌˌsɛtʌ]
écrivain (m)	forfatter (f)	[fʌˈfatʌ]
charpentier (m)	tømrer (f)	['tœmʁʌ]
cuisinier (m)	kok (f)	['kʌk]
pompier (m)	brandmand (f)	['bʁanˌman]
policier (m)	politibetjent (f)	[poli'ti be'tjɛnʔt]
facteur (m)	postbud (i)	['pʌstˌbuð]
programmeur (m)	programmør (f)	[pʁogʁɑ'møʔɐ̯]
vendeur (m)	sælger (f)	['sɛljʌ]
ouvrier (m)	arbejder (f)	['ɑːˌbɑjʔdʌ]
jardinier (m)	gartner (f)	['gɑːtnʌ]
plombier (m)	blikkenslager (f)	['blekənˌslæʔjʌ]
stomatologue (m)	tandlæge (f)	['tanˌlɛːjə]
hôtesse (f) de l'air	stewardesse (f)	[stjuɑ'dɛsə]
danseur (m)	danser (f)	['dansʌ]
garde (m) du corps	livvagt (f)	['liwˌvɑgt]
savant (m)	videnskabsmand (f)	['viðənˌskæʔbs manʔ]
professeur (m)	lærer (f)	['lɛːʌ]
fermier (m)	landmand, bonde (f)	['lanˌmanʔ], ['bɒnə]
chirurgien (m)	kirurg (f)	[ki'ʁuɐ̯ʔw]
mineur (m)	minearbejder (f)	['miːnəˈɑːˌbɑjʔdʌ]
cuisinier (m) en chef	køkkenchef (f)	['køkənˌɕɛʔf]
chauffeur (m)	chauffør (f)	[ɕo'føʔɐ̯]

16. Le sport

type (m) de sport	idrætsgren (f)	['idʁatsˌgʁɛʔn]
football (m)	fodbold (f)	['foðˌbʌlʔd]
hockey (m)	ishockey (f)	['isˌhʌki]
basket-ball (m)	basketball (f)	['bɑːskətˌbɒːl]
base-ball (m)	baseball (f)	['bɛjsˌbɒːl]
volley-ball (m)	volleyball (f)	['vʌliˌbɒːl]
boxe (f)	boksning (f)	['bʌksneŋ]
lutte (f)	brydning (f)	['bʁyðneŋ]
tennis (m)	tennis (f)	['tɛnis]
natation (f)	svømning (f)	['svœmneŋ]
échecs (m pl)	skak (f)	['skɑk]
course (f)	løb (i)	['løʔb]
athlétisme (m)	atletik, fri idræt (f)	[atlə'tik], ['fʁiʔ 'iˌdʁat]
patinage (m) artistique	kunstskøjteløb (i)	['kɔnstˌskʌjtələʔb]
cyclisme (m)	cykelsport (f)	['sykəlˌspɒːt]
billard (m)	billard (i, f)	['biliˌɑʔd]
bodybuilding (m)	bodybuilding (f)	['bʌdiˌbilden]

golf (m)	golf (f)	['gʌlˀf]
plongée (f)	dykning (f)	['døknen]
voile (f)	sejlsport (f)	['sɑjlˌspɔ:t]
tir (m) à l'arc	bueskydning (f)	['bu:əˌskyðnen]

mi-temps (f)	halvleg (f)	['haˌlɑjˀ]
mi-temps (f) (pause)	halvtid (f)	['halˌtiðˀ]
match (m) nul	uafgjorte resultat (i)	['uɑwˌgjoɐ̯ˀtə ʁɛsul'tæˀt]
faire match nul	at spille uafgjort	[ʌ 'spelə 'uɑwˌgjoɐ̯ˀt]

tapis (m) roulant	løbebånd (i)	['lø:bəˌbʌnˀ]
joueur (m)	spiller (f)	['spelʌ]
remplaçant (m)	udskiftningsspiller (f)	['uðˌskiftneŋs'spelʌ]
banc (m) des remplaçants	udskiftningsbænk (f)	['uðˌskiftneŋsˌbɛŋˀk]

match (m)	kamp (f)	['kɑmˀp]
but (m)	mål (i)	['mɔˀl]
gardien (m) de but	målmand (f)	['mɔ:lˌmanˀ]
but (m)	mål (i)	['mɔˀl]

Jeux (m pl) olympiques	de olympiske lege	[di o'lømˀpiskə 'lɑjˀə]
établir un record	at sætte rekord	[ʌ 'sɛtə ʁɛ'kɒ:d]
finale (f)	finale (f)	[fi'næ:lə]
champion (m)	mester (f)	['mɛstʌ]
championnat (m)	mesterskab (i)	['mɛstʌˌskæˀb]

gagnant (m)	sejrherre (f)	['sɑjʌˌhæˀʌ]
victoire (f)	sejr (f)	['sɑjˀʌ]
gagner (vi)	at vinde	[ʌ 'venə]
perdre (vi)	at tabe	[ʌ 'tæ:bə]
médaille (f)	medalje (f)	[me'daljə]

première place (f)	førsteplads (f)	['fœɐ̯stəˌplas]
deuxième place (f)	andenplads (f)	['anənˌplas]
troisième place (f)	tredjeplads (f)	['tʁɛðjəˌplas]

stade (m)	stadion (i)	['stæˀdjʌn]
supporteur (m)	fan (f)	['fæ:n]
entraîneur (m)	træner (f)	['tʁɛ:nʌ]
entraînement (m)	træning (f)	['tʁɛ:nen]

17. Les langues étrangères. L'orthographe

langue (f)	sprog (i)	['spʁɔˀw]
étudier (vt)	at studere	[ʌ stu'deˀʌ]
prononciation (f)	udtale (f)	['uðˌtæ:lə]
accent (m)	accent (f)	[ak'sɑn]

| nom (m) | substantiv (i) | ['substanˌtiwˀ] |
| adjectif (m) | adjektiv (i) | ['aðjɛkˌtiwˀ] |

verbe (m)	verbum (i)	['væɛ̞bɔm]
adverbe (m)	adverbium (i)	[að'væɛ̞'bjɔm]
pronom (m)	pronomen (i)	[pʁo'no:mən]
interjection (f)	interjektion (f)	[entʌjɛk'ɕoˀn]
préposition (f)	præposition (f)	[pʁɛposi'ɕoˀn]
racine (f)	rod (f)	['ʁoˀð]
terminaison (f)	endelse (f)	['ɛnəlsə]
préfixe (m)	præfiks (i)	[pʁɛ'fiks]
syllabe (f)	stavelse (f)	['stæːvəlsə]
suffixe (m)	suffiks (i)	[su'fiks]
accent (m) tonique	betoning (f), tryk (i)	[be'toˀnen], ['tʁɶk]
point (m)	punktum (i)	['pɔŋtɔm]
virgule (f)	komma (i)	['kʌma]
deux-points (m)	kolon (i)	['koːlʌn]
points (m pl) de suspension	tre prikker (f pl)	['tʁɛː 'pʁɛkʌ]
question (f)	spørgsmål (i)	['spɶɛ̞s͜mɔˀl]
point (m) d'interrogation	spørgsmålstegn (i)	['spɶɛ̞s͜mɔls taj'n]
point (m) d'exclamation	udråbstegn (i)	['uðʁɔbs͜taj'n]
entre guillemets	i anførselstegn	[i 'an͜føɛ̞səls͜taj'n]
entre parenthèses	i parentes	[i pɑɑn'teˀs]
lettre (f)	bogstav (i)	['bɔw͜stæw]
majuscule (f)	stort bogstav (i)	['stoˀɛ̞t 'bɔgstæw]
proposition (f)	sætning (f)	['sɛtnen]
groupe (m) de mots	ordgruppe (f)	['oɛ̞͜gʁupə]
expression (f)	udtryk (i)	['uð͜tʁɶk]
sujet (m)	subjekt (i)	[sub'jɛkt]
prédicat (m)	prædikat (i)	[pʁɛdi'kæˀt]
ligne (f)	linje (f)	['linjə]
paragraphe (m)	afsnit (i)	['aw͜snit]
synonyme (m)	synonym (i)	[syno'nyˀm]
antonyme (m)	antonym (i)	[anto'nyˀm]
exception (f)	undtagelse (f)	['ɔn͜tæˀjəlsə]
souligner (vt)	at understrege	[ʌ 'ɔnʌ͜sdʁɑjə]
règles (f pl)	regler (f pl)	['ʁɛjlʌ]
grammaire (f)	grammatik (f)	[gʁama'tik]
vocabulaire (m)	ordforråd (i)	['oɛ̞fɒ͜ʁoˀð]
phonétique (f)	fonetik (f)	[fonə'tik]
alphabet (m)	alfabet (i)	[alfa'beˀt]
manuel (m)	lærebog (f)	['lɛːʌ͜bɔˀw]
dictionnaire (m)	ordbog (f)	['oɛ̞͜bɔˀw]
guide (m) de conversation	parlør (f)	[pɑ'lœːɛ̞]
mot (m)	ord (i)	['oˀɛ̞]

sens (m)	**betydning** (f)	[be'tyð'nɛŋ]
mémoire (f)	**hukommelse** (f)	[hu'kʌm'əlsə]

18. La Terre. La géographie

Terre (f)	**Jorden**	['jo'ɡən]
globe (m) terrestre	**jordklode** (f)	['joɡ‚klo:ðə]
planète (f)	**planet** (f)	[pla'ne't]
géographie (f)	**geografi** (f)	[geoɡʁa'fi']
nature (f)	**natur** (f)	[na'tuɡ']
carte (f)	**kort** (i)	['kɒːt]
atlas (m)	**atlas** (i)	['atlas]
au nord	**i nord**	[i 'no'ɡ]
au sud	**i syd**	[i 'syð]
à l'occident	**i vest**	[i 'vɛst]
à l'orient	**i øst**	[i 'øst]
mer (f)	**hav** (i)	['haw]
océan (m)	**ocean** (i)	[osə'æ'n]
golfe (m)	**bugt** (f)	['bɒgt]
détroit (m)	**stræde** (i), **sund** (i)	['stʁɛːðə], ['sɔn']
continent (m)	**fastland, kontinent** (i)	['fast‚lan'], [kʌnti'nɛn't]
île (f)	**ø** (f)	['ø']
presqu'île (f)	**halvø** (f)	['hal‚ø']
archipel (m)	**øhav, arkipelag** (i)	['ø‚haw], [ɑkipe'læ'j]
port (m)	**havn** (f)	['hɑw'n]
récif (m) de corail	**koralrev** (i)	[ko'ʁɑl‚ʁɛw]
littoral (m)	**kyst** (f)	['køst]
côte (f)	**kyst** (f)	['køst]
marée (f) haute	**flod** (f)	['flo'ð]
marée (f) basse	**ebbe** (i)	['ɛbə]
latitude (f)	**bredde** (f)	['bʁɛ'də]
longitude (f)	**længde** (f)	['lɛŋ'də]
parallèle (f)	**breddegrad** (f)	['bʁɛ'də‚gʁɑ'ð]
équateur (m)	**ækvator** (f)	[ɛ'kvæːtʌ]
ciel (m)	**himmel** (f)	['heməl]
horizon (m)	**horisont** (f)	[hɒi'sʌn't]
atmosphère (f)	**atmosfære** (f)	[atmo'sfɛːʌ]
montagne (f)	**bjerg** (i)	['bjæɡ'w]
sommet (m)	**top** (f), **bjergtop** (f)	['tʌp], ['bjæɡw‚tʌp]
rocher (m)	**klippe** (f)	['klepə]
colline (f)	**bakke** (f)	['bɑkə]

volcan (m)	vulkan (f)	[vul'kæ'n]
glacier (m)	gletsjer (f)	['glɛtɕʌ]
chute (f) d'eau	vandfald (i)	['van‚fal']
plaine (f)	slette (f)	['slɛtə]

rivière (f), fleuve (m)	flod (f)	['flo'ð]
source (f)	kilde (f)	['kilə]
rive (f)	bred (f)	['bʁɛð']
en aval	nedstrøms	['neð‚stʁœm's]
en amont	opstrøms	['ʌp‚stʁœm's]

lac (m)	sø (f)	['sø']
barrage (m)	dæmning (f)	['dɛmnen]
canal (m)	kanal (f)	[ka'næ'l]
marais (m)	sump, mose (f)	['sɔm'p], ['mo:sə]
glace (f)	is (f)	['i's]

19. Les pays du monde. Partie 1

Europe (f)	Europa	[œw'ʁo:pa]
Union (f) européenne	Den Europæiske Union	[dən œwʁo'pɛ'iskə uni'o'n]
européen (m)	europæer (f)	[œwʁo'pɛ'ʌ]
européen (adj)	europæisk	[œwʁo'pɛ'isk]

Autriche (f)	Østrig	['østʁi]
Grande-Bretagne (f)	Storbritannien	['stoʁ bʁi‚tanien]
Angleterre (f)	England	['ɛŋ'lan]
Belgique (f)	Belgien	['bɛl'gjən]
Allemagne (f)	Tyskland	['tysklan']

Pays-Bas (m)	Nederlandene	['ne:ðʌ‚lɛnnə]
Hollande (f)	Holland	['hʌlan']
Grèce (f)	Grækenland	['gʁɛ:kənlan']
Danemark (m)	Danmark	['dænmɑk]
Irlande (f)	Irland	['iʁlan']

Islande (f)	Island	['islan']
Espagne (f)	Spanien	['spæ'njən]
Italie (f)	Italien	[i'tæljən]
Chypre (m)	Cypern	['kypɔn]
Malte (f)	Malta	['malta]

Norvège (f)	Norge	['nɔ:w]
Portugal (m)	Portugal	['pɔ:tugəl]
Finlande (f)	Finland	['fenlan]
France (f)	Frankrig	['fʁɑŋkʁi]
Suède (f)	Sverige	['svɛʁi']

| Suisse (f) | Schweiz | ['svɑjts] |
| Écosse (f) | Skotland | ['skɔtlan'] |

Vatican (m)	**Vatikanstaten**	['vateˌkæːn 'stæʔtən]
Liechtenstein (m)	**Liechtenstein**	['liːktənʃtɑjn]
Luxembourg (m)	**Luxembourg**	['lygsəmˌbɒː]
Monaco (m)	**Monaco**	[mo'nɑko]
Albanie (f)	**Albanien**	[al'bæʔnjən]
Bulgarie (f)	**Bulgarien**	[bul'gɑːiən]
Hongrie (f)	**Ungarn**	['ɔŋgɑʔn]
Lettonie (f)	**Letland**	['lɛtlanʔ]
Lituanie (f)	**Litauen**	['liˌtɑwʔən]
Pologne (f)	**Polen**	['poːlæn]
Roumanie (f)	**Rumænien**	[ʁu'mɛʔnjən]
Serbie (f)	**Serbien**	['sæɡʔbiən]
Slovaquie (f)	**Slovakiet**	[slova'kiːəð]
Croatie (f)	**Kroatien**	[kʁo'æʔtiən]
République (f) Tchèque	**Tjekkiet**	['tjɛˌkiəð]
Estonie (f)	**Estland**	['ɛstlan]
Bosnie (f)	**Bosnien-Herzegovina**	['bosniən hæɡsəgoʔviːna]
Macédoine (f)	**Makedonien**	[makə'doːnjən]
Slovénie (f)	**Slovenien**	[slo've:njən]
Monténégro (m)	**Montenegro**	['mɔntəˌnɛɡʁə]
Biélorussie (f)	**Hviderusland**	['viːðəˌʁuslanʔ]
Moldavie (f)	**Moldova**	[mʌl'doʔva]
Russie (f)	**Rusland**	['ʁuslanʔ]
Ukraine (f)	**Ukraine**	[ukʁɑ'iʔnə]

20. Les pays du monde. Partie 2

Asie (f)	**Asien**	['æʔɕən]
Vietnam (m)	**Vietnam**	['vjɛtnɑm]
Inde (f)	**Indien**	['endjən]
Israël (m)	**Israel**	[isʁɑːəl]
Chine (f)	**Kina**	['kiːna]
Liban (m)	**Libanon**	['liːbanɒn]
Mongolie (f)	**Mongoliet**	[mʌŋgo'liəð]
Malaisie (f)	**Malaysia**	[ma'lɑjɕiʌ]
Pakistan (m)	**Pakistan**	['pɑkiˌstan]
Arabie (f) Saoudite	**Saudi-Arabien**	['sawdi ɑ'ʁɑːbjən]
Thaïlande (f)	**Thailand**	['tɑjlɛnʔ]
Taïwan (m)	**Taiwan**	['tɑjˌvæʔn]
Turquie (f)	**Tyrkiet**	[tyʁ̪kiːəð]
Japon (m)	**Japan**	['jaːpæn]
Afghanistan (m)	**Afghanistan**	[aw'gæʔniˌstan]
Bangladesh (m)	**Bangladesh**	[bangla'dɛɕ]
Indonésie (f)	**Indonesien**	[endo'neːɕən]

Jordanie (f)	Jordan	['joɐdan]
Iraq (m)	Irak	['iʁɑk]
Iran (m)	Iran	['iʁɑn]
Cambodge (m)	Cambodja	[kæːm'boða]
Koweït (m)	Kuwait	[ku'vɑjt]
Laos (m)	Laos	['læːɒs]
Myanmar (m)	Myanmar	[mjanmɐ]
Népal (m)	Nepal	['nepalˀ]
Fédération (f) des Émirats	Forenede	[fʌ'enəðə
Arabes Unis	Arabiske Emirater	ɑ'ʁɑˀbiskə emi'ʁɑˀtʌ]
Syrie (f)	Syrien	['syʁiən]
Palestine (f)	Palæstina	[palə'stinɛnə]
Corée (f) du Sud	Sydkorea	['syð ko'ʁɛːa]
Corée (f) du Nord	Nordkorea	['noɐ ko'ʁɛːa]
Les États Unis	De Forenede Stater	[di fʌ'enəðə 'stæˀtʌ]
Canada (m)	Canada	['kanæˀda]
Mexique (m)	Mexiko	['mɛksiko]
Argentine (f)	Argentina	[ɑgɛn'tiˀna]
Brésil (m)	Brasilien	[bʁɑ'siljən]
Colombie (f)	Colombia	[ko'lɔmbja]
Cuba (f)	Cuba	['kuːba]
Chili (m)	Chile (i)	['tji:lə]
Venezuela (f)	Venezuela	[venəsu'eːla]
Équateur (m)	Ecuador	[ekwa'doˀɐ]
Bahamas (f pl)	Bahamas	[ba'haˀmas]
Panamá (m)	Panama	['panamə]
Égypte (f)	Egypten	[ɛ'gyptən]
Maroc (m)	Marokko	[mɑ'roko]
Tunisie (f)	Tunis	['tuːnis]
Kenya (m)	Kenya	['kɛnja]
Libye (f)	Libyen	['liːbjən]
République (f)	Sydafrika	['syð ˌɑfʁika]
Sud-africaine		
Australie (f)	Australien	[ɑw'stʁɑˀljən]
Nouvelle Zélande (f)	New Zealand	[nju:'siːlanˀ]

21. Le temps. Les catastrophes naturelles

temps (m)	vejr (i)	['vɛˀɐ]
météo (f)	vejrudsigt (f)	['vɛɐˌuðsegt]
température (f)	temperatur (f)	[tɛmpʁɑ'tuɐˀ]
thermomètre (m)	termometer (i)	[tæɐmo'meˀtʌ]
baromètre (m)	barometer (i)	[bɑo'meˀtʌ]
soleil (m)	sol (f)	['soˀl]

briller (soleil)	at skinne	[ʌ 'skenə]
ensoleillé (jour ~)	solrig	['so:lˌʁiˀ]
se lever (vp)	at stå op	[ʌ stɔˀ 'ʌp]
se coucher (vp)	at gå ned	[ʌ gɔˀ 'neðˀ]
pluie (f)	regn (f)	['ʁajˀn]
il pleut	det regner	[de 'ʁajnʌ]
pluie (f) torrentielle	øsende regn (f)	['ø:sənə ˌʁajˀn]
nuée (f)	regnsky (f)	['ʁajnˌskyˀ]
flaque (f)	vandpyt (f)	['vanˌpyt]
se faire mouiller	at blive våd	[ʌ 'bli:ə 'vɔˀð]
orage (m)	tordenvejr (i)	['toɡdənˌvɛˀɐ̯]
éclair (m)	lyn (i)	['lyˀn]
éclater (foudre)	at glimte	[ʌ 'glemtə]
tonnerre (m)	torden (f)	['toɡdən]
le tonnerre gronde	det tordner	[de 'toɡdnʌ]
grêle (f)	hagl (i)	['hɑwˀl]
il grêle	det hagler	[de 'hɑwlɐ̯]
chaleur (f) (canicule)	hede (f)	['he:ðə]
il fait très chaud	det er hedt	[de 'æɡ 'heðˀ]
il fait chaud	det er varmt	[de 'æɡ 'vaˀmt]
il fait froid	det er koldt	[de 'æɡ 'kʌlt]
brouillard (m)	tåge (f)	['tɔ:wə]
brumeux (adj)	tåget	['tɔ:wəð]
nuage (m)	sky (f)	['skyˀ]
nuageux (adj)	skyet	['sky:əð]
humidité (f)	fugtighed (f)	['fɔgtiˌheðˀ]
neige (f)	sne (f)	['sneˀ]
il neige	det sner	[de 'sneˀʌ]
gel (m)	frost (f)	['fʁʌst]
au-dessous de zéro	under nul	['ɔnʌ 'nɔl]
givre (m)	rimfrost (f)	['ʁimˌfʁʌst]
intempéries (f pl)	uvejr (i)	['uˌvɛˀɐ̯]
catastrophe (f)	katastrofe (f)	[kata'stʁo:fə]
inondation (f)	oversvømmelse (f)	['ɒwʌˌsvœmˀəlsə]
avalanche (f)	lavine (f)	[la'vi:nə]
tremblement (m) de terre	jordskælv (i)	['joɡˌskɛlˀv]
secousse (f)	skælv (i)	['skɛlˀv]
épicentre (m)	epicenter (i)	[epi'sɛnˀtʌ]
éruption (f)	udbrud (i)	['uðˌbʁuð]
lave (f)	lava (f)	['læ:va]
tornade (f)	tornado (f)	[tɒ'næ:do]
tourbillon (m)	skypumpe (f)	['skyˌpɔmpə]
ouragan (m)	orkan (f)	[ɒ'kæˀn]
tsunami (m)	tsunami (f)	[tsu'nɑ:mi]
cyclone (m)	cyklon (f)	[sy'klɔˀn]

22. Les animaux. Partie 1

animal (m)	**dyr** (i)	['dyɐ̯ˀ]
prédateur (m)	**rovdyr** (i)	['ʁɒwˌdyɐ̯ˀ]
tigre (m)	**tiger** (f)	['tiːʌ]
lion (m)	**løve** (f)	['løːvə]
loup (m)	**ulv** (f)	['ulˀv]
renard (m)	**ræv** (f)	['ʁɛˀw]
jaguar (m)	**jaguar** (f)	[jagu'ɑˀ]
lynx (m)	**los** (f)	['lʌs]
coyote (m)	**coyote, prærieulv** (f)	[ko'joːtə], ['pʁɛɐ̯jəˌulˀv]
chacal (m)	**sjakal** (f)	[ɕa'kæˀl]
hyène (f)	**hyæne** (f)	[hy'ɛːnə]
écureuil (m)	**egern** (i)	['eˀjʌn]
hérisson (m)	**pindsvin** (i)	['penˌsviˀn]
lapin (m)	**kanin** (f)	[ka'niˀn]
raton (m)	**vaskebjørn** (f)	['vaskəˌbjœɐ̯ˀn]
hamster (m)	**hamster** (f)	['hɑmˀstʌ]
taupe (f)	**muldvarp** (f)	['mulˌvɑːp]
souris (f)	**mus** (f)	['muˀs]
rat (m)	**rotte** (f)	['ʁʌtə]
chauve-souris (f)	**flagermus** (f)	['flɑwʌˌmuˀs]
castor (m)	**bæver** (f)	['bɛˀvʌ]
cheval (m)	**hest** (f)	['hɛst]
cerf (m)	**hjort** (f)	['jɒt]
chameau (m)	**kamel** (f)	[ka'meˀl]
zèbre (m)	**zebra** (f)	['seːbʁɑ]
baleine (f)	**hval** (f)	['væˀl]
phoque (m)	**sæl** (f)	['sɛˀl]
morse (m)	**hvalros** (f)	['valˌʁʌs]
dauphin (m)	**delfin** (f)	[dɛl'fiˀn]
ours (m)	**bjørn** (f)	['bjœɐ̯ˀn]
singe (m)	**abe** (f)	['æːbə]
éléphant (m)	**elefant** (f)	[elə'fanˀt]
rhinocéros (m)	**næsehorn** (i)	['nɛːsəˌhoɐ̯ˀn]
girafe (f)	**giraf** (f)	[gi'ʁɑf]
hippopotame (m)	**flodhest** (f)	['floðˌhɛst]
kangourou (m)	**kænguru** (f)	[kɛŋgu:ʁu]
chat (m) (femelle)	**kat** (f)	['kat]
chien (m)	**hund** (f)	['hunˀ]
vache (f)	**ko** (f)	['koˀ]
taureau (m)	**tyr** (f)	['tyɐ̯ˀ]

brebis (f)	**får** (i)	['fɑ:]
chèvre (f)	**ged** (f)	['geð']
âne (m)	**æsel** (i)	['ɛ'səl]
cochon (m)	**svin** (i)	['svi'n]
poule (f)	**høne** (f)	['hœ:nə]
coq (m)	**hane** (f)	['hæ:nə]
canard (m)	**and** (f)	['an']
oie (f)	**gås** (f)	['gɔ's]
dinde (f)	**kalkun** (f)	[kal'ku'n]
berger (m)	**hyrdehund** (f)	['hyɐ̯də,hun']

23. Les animaux. Partie 2

oiseau (m)	**fugl** (f)	['fu'l]
pigeon (m)	**due** (f)	['du:ə]
moineau (m)	**spurv** (f)	['spuɐ̯'w]
mésange (f)	**musvit** (f)	[mu'svit]
pie (f)	**skade** (f)	['skæ:ðə]
aigle (m)	**ørn** (f)	['œɐ̯'n]
épervier (m)	**høg** (f)	['hø'j]
faucon (m)	**falk** (f)	['fal'k]
cygne (m)	**svane** (f)	['svæ:nə]
grue (f)	**trane** (f)	['tʁɑ:nə]
cigogne (f)	**stork** (f)	['stɔ:k]
perroquet (m)	**papegøje** (f)	[papə'gʌjə]
paon (m)	**påfugl** (f)	['pʌ,fu'l]
autruche (f)	**struds** (f)	['stʁus]
héron (m)	**hejre** (f)	['hajʁʌ]
rossignol (m)	**nattergal** (f)	['natʌ,gæ'l]
hirondelle (f)	**svale** (f)	['svæ:lə]
pivert (m)	**spætte** (f)	['spɛtə]
coucou (m)	**gøg** (f)	['gø'j]
chouette (f)	**ugle** (f)	['u:lə]
pingouin (m)	**pingvin** (f)	[peŋ'vi'n]
thon (m)	**tunfisk** (f)	['tu:n,fesk]
truite (f)	**ørred** (f)	['œɐ̯ʌð]
anguille (f)	**ål** (f)	['ɔ'l]
requin (m)	**haj** (f)	['haj']
crabe (m)	**krabbe** (f)	['kʁabə]
méduse (f)	**gople, meduse** (f)	['gʌplə], [me'du:sə]
pieuvre (f), poulpe (m)	**blæksprutte** (f)	['blɛk,spʁutə]
étoile (f) de mer	**søstjerne** (f)	['sø,stjæɐ̯nə]
oursin (m)	**søpindsvin** (i)	['sø 'pen,svi'n]

hippocampe (m)	søhest (f)	['søˌhɛst]
crevette (f)	reje (f)	['ʁajə]
serpent (m)	slange (f)	['slɑŋə]
vipère (f)	hugorm (f)	['hɔgˌoɐ̯ˀm]
lézard (m)	firben (i)	['fiɐ̯'beˀn]
iguane (m)	leguan (f)	[legu'æˀn]
caméléon (m)	kamæleon (f)	[kamələ'oˀn]
scorpion (m)	skorpion (f)	[skɒpi'oˀn]
tortue (f)	skildpadde (f)	['skelˌpaðə]
grenouille (f)	frø (f)	['fʁœˀ]
crocodile (m)	krokodille (f)	[kʁokə'dilə]
insecte (m)	insekt (i)	[en'sɛkt]
papillon (m)	sommerfugl (f)	['sʌmʌˌfuˀl]
fourmi (f)	myre (f)	['myːʌ]
mouche (f)	flue (f)	['fluːə]
moustique (m)	stikmyg (f)	['stekˌmyg]
scarabée (m)	bille (f)	['bilə]
abeille (f)	bi (f)	['biˀ]
araignée (f)	edderkop (f)	['ɛðˀʌˌkʌp]
coccinelle (f)	mariehøne (f)	[mɑ'ʁiˀəˌhœːnə]

24. La flore. Les arbres

arbre (m)	træ (i)	['tʁɛˀ]
bouleau (m)	birk (f)	['biɐ̯k]
chêne (m)	eg (f)	['eˀj]
tilleul (m)	lind (f)	['lenˀ]
tremble (m)	asp (f)	['asp]
érable (m)	løn (f), ahorn (f)	['lœnˀ], ['aˌhoɐ̯ˀn]
épicéa (m)	gran (f)	['gʁɑn]
pin (m)	fyr (f)	['fyɐ̯ˀ]
cèdre (m)	ceder (f)	['seːðʌ]
peuplier (m)	poppel (f)	['pʌpəl]
sorbier (m)	røn (f)	['ʁœnˀ]
hêtre (m)	bøg (f)	['bøˀj]
orme (m)	elm (f)	['ɛlˀm]
frêne (m)	ask (f)	['ask]
marronnier (m)	kastanie (i)	[ka'stanjə]
palmier (m)	palme (f)	['palmə]
buisson (m)	busk (f)	['busk]
champignon (m)	svamp (f)	['svɑmˀp]
champignon (m) vénéneux	giftig svamp (f)	['gifti svɑmˀp]
cèpe (m)	karljohan-rørhat (f)	[ˌkɑːljoˈhan 'ʁœˀɐ̯ɡhat]

russule (f)	skørhat (f)	['skøɐˌhat]
amanite (f) tue-mouches	fluesvamp (f)	['fluːəˌsvɑmˀp]
oronge (f) verte	grøn fluesvamp (f)	['gʁœn 'fluːəˌsvɑmˀp]
fleur (f)	blomst (f)	['blʌmˀst]
bouquet (m)	buket (f)	[buˈkɛt]
rose (f)	rose (f)	['ʁoːsə]
tulipe (f)	tulipan (f)	[tuliˈpæˀn]
oeillet (m)	nellike (f)	['nelˀekə]
marguerite (f)	kamille (f)	[kaˈmilə]
cactus (m)	kaktus (f)	['kɑktus]
muguet (m)	liljekonval (f)	['liljə kɔnˈvalˀ]
perce-neige (f)	vintergæk (f)	['ventʌˌgɛk]
nénuphar (m)	åkande, nøkkerose (f)	['ɔˀkanə], ['nøkəˌʁoːsə]
serre (f) tropicale	drivhus (i)	['dʁiwˌhuˀs]
gazon (m)	græsplæne (f)	['gʁasˌplɛːnə]
parterre (m) de fleurs	blomsterbed (i)	['blʌmˀstʌˌbəð]
plante (f)	plante (f)	['plantə]
herbe (f)	græs (i)	['gʁas]
feuille (f)	blad (i)	['blað]
pétale (m)	kronblad (i)	['kʁɔnˌblað]
tige (f)	stilk (f)	['stelˀk]
pousse (f)	spire (f)	['spiːʌ]
céréales (f pl) (plantes)	kornsorter (f pl)	['koɐnˌsɒːtʌ]
blé (m)	hvede (f)	['veːðə]
seigle (m)	rug (f)	['ʁuˀ]
avoine (f)	havre (f)	['hɑwʁʌ]
millet (m)	hirse (f)	['hiɐsə]
orge (f)	byg (f)	['byg]
maïs (m)	majs (f)	['mɑjˀs]
riz (m)	ris (f)	['ʁiˀs]

25. Les mots souvent utilisés

aide (f)	hjælp (f)	['jɛlˀp]
arrêt (m) (pause)	ophold (i)	['ʌpˌhʌlˀ]
balance (f)	balance (f)	[baˈlɑŋsə]
base (f)	basis (f)	['bæːsis]
catégorie (f)	kategori (f)	[katəgoˈʁiˀ]
choix (m)	valg (i)	['valˀj]
coïncidence (f)	sammenfald (i)	['samənˌfalˀ]
comparaison (f)	sammenligning (f)	['samənˌliːnen]
début (m)	begyndelse (f)	[beˈgønˀəlsə]
degré (m) (~ de liberté)	grad (f)	['gʁaˀð]

développement (m)	udvikling (f)	[ˈuðˌveklen]
différence (f)	forskel (f)	[ˈfɒːskɛl]
effet (m)	effekt (f)	[eˈfɛkt]
effort (m)	anstrengelse (f)	[ˈanˌstʁanˀəlsə]

élément (m)	element (i)	[eləˈmɛnˀt]
exemple (m)	eksempel (i)	[ɛkˈsɛmˀpəl]
fait (m)	faktum (i)	[ˈfɑktɔm]
faute, erreur (f)	fejl (f)	[ˈfɑjˀl]
forme (f)	form (f)	[ˈfɒˀm]

idéal (m)	ideal (i)	[ideˈæˀl]
mode (m) (méthode)	måde (f)	[ˈmɔːðə]
moment (m)	øjeblik (i)	[ˈʌjəˌblek]
obstacle (m)	hindring (f)	[ˈhendʁɛŋ]
part (f)	del (f)	[ˈdeˀl]

pause (f)	pause (f)	[ˈpɑwsə]
position (f)	position (f)	[posiˈɕoˀn]
problème (m)	problem (i)	[pʁoˈbleˀm]
processus (m)	proces (f)	[pʁoˈsɛs]
progrès (m)	fremskridt (i)	[ˈfʁamˌskʁit]
propriété (f) (qualité)	egenskab (f)	[ˈejənˌskæˀb]
réaction (f)	reaktion (f)	[ʁɛakˈɕoˀn]
risque (m)	risiko (f)	[ˈʁisiko]
secret (m)	hemmelighed (f)	[ˈhɛməliˌheðˀ]
série (f)	serie (f)	[ˈseʁˀjə]

situation (f)	situation (f)	[sitwaˈɕoˀn]
solution (f)	løsning (f)	[ˈløːsnen]
standard (adj)	standard-	[ˈstanˌdɑd-]
style (m)	stil (f)	[ˈstiˀl]
système (m)	system (i)	[syˈsteˀm]

tableau (m) (grille)	tabel (f)	[taˈbɛlˀ]
tempo (m)	tempo (i)	[ˈtɛmpo]
terme (m)	term (f)	[ˈtæɐ̯ˀm]
tour (m) (attends ton ~)	tur (f)	[ˈtuɐ̯ˀ]
type (m) (~ de sport)	slags (i, f)	[ˈslɑgs]

urgent (adj)	haster	[ˈhastə]
utilité (f)	nytte (f)	[ˈnøtə]
vérité (f)	sandhed (f)	[ˈsanˌheðˀ]
version (f)	variant (f)	[vɑiˈanˀt]
zone (f)	zone (f)	[ˈsoːnə]

26. Les adjectifs. Partie 1

| aigre (fruits ~s) | sur | [ˈsuɐ̯ˀ] |
| amer (adj) | bitter | [ˈbetʌ] |

ancien (adj)	oldtids-	['ʌl‚tiðs-]
artificiel (adj)	kunstig	['kɔnsti]
aveugle (adj)	blind	['blenʔ]
bas (voix ~se)	lav	['læʔv]
beau (homme)	smuk	['smɔk]
bien affilé (adj)	skarp	['skɑ:p]
bon (savoureux)	lækker	['lɛkʌ]
bronzé (adj)	solbrændt	['so:l‚bʁanʔt]
central (adj)	central	[sɛn'tʁɑʔl]
clandestin (adj)	hemmelig	['hɛməli]
compatible (adj)	forenelig	[fʌ'eʔnəli]
content (adj)	tilfreds	[te'fʁɛs]
continu (usage ~)	langvarig	['lɑŋ‚vɑʔi]
court (de taille)	kort	['kɒ:t]
cru (non cuit)	rå	['ʁɔʔ]
dangereux (adj)	farlig	['fɑ:li]
d'enfant (adj)	børne-	['bœɡnə-]
dense (brouillard ~)	tæt	['tɛt]
dernier (final)	sidste	['sistə]
difficile (décision)	svær	['svɛʔɡ]
d'occasion (adj)	brugt	['bʁɔgt]
douce (l'eau ~)	ferske	['fæɡskə]
droit (pas courbe)	lige	['li:ə]
droit (situé à droite)	højre	['hʌjʁʌ]
dur (pas mou)	hård	['hɒʔ]
étroit (passage, etc.)	smal	['smalʔ]
excellent (adj)	udmærket	['uð‚mæɡkəð]
excessif (adj)	overdreven	['ɒwʌ‚dʁɛʔvən]
extérieur (adj)	ydre	['yðʁʌ]
facile (adj)	let	['lɛt]
fertile (le sol ~)	frugtbar	['fʁɔgt‚bɑʔ]
fort (homme ~)	stærk	['stæɡk]
fort (voix ~e)	høj	['hʌjʔ]
fragile (vaisselle, etc.)	skør	['skøʔɡ]
gauche (adj)	venstre	['vɛnstʁʌ]
géant (adj)	enorm	[e'nɒʔm]
grand (dimension)	stor	['stoʔɡ]
gratuit (adj)	gratis	['gʁɑ:tis]
heureux (adj)	lykkelig	['løkəli]
immobile (adj)	ubevægelig	[ube'vɛʔjəli]
important (adj)	vigtig	['vegti]
intelligent (adj)	klog	['klɔʔw]
intérieur (adj)	indre	['endʁʌ]
légal (adj)	lovlig	['lɒwli]

léger (pas lourd)	let	['lɛt]
liquide (adj)	flydende	['fly:ðənə]
lisse (adj)	glat	['glat]
long (~ chemin)	lang	['laŋ']

27. Les adjectifs. Partie 2

malade (adj)	syg	['sy']
mat (couleur)	mat	['mat]
mauvais (adj)	dårlig	['dɒ:li]
mort (adj)	død	['døð']
mou (souple)	blød	['bløˀð]

mûr (fruit ~)	moden	['mo'ðən]
mystérieux (adj)	mystisk	['mystisk]
natal (ville, pays)	hjem-	['jɛm'-]
négatif (adj)	negativ	['nega,tiw']
neuf (adj)	ny	['ny']
normal (adj)	normal	[nɒ'mæ'l]

obligatoire (adj)	obligatorisk	[obliga'to'ɐisk]
opposé (adj)	modsat	['moð,sat]
ordinaire (adj)	almindelig	[al'men'li]
original (peu commun)	original	[ɒigi'næ'l]
ouvert (adj)	åben	['ɔ:bən]

parfait (adj)	udmærket	['uð,mæɐ̯kəð]
pas clair (adj)	uklar	['u,klɑ']
pas difficile (adj)	let	['lɛt]
passé (le mois ~)	forrige	['fɒ:iə]
pauvre (adj)	fattig	['fati]

personnel (adj)	personlig	[pæɐ̯'so'nli]
petit (adj)	lille	['lilə]
peu profond (adj)	grund	['gɐɔn']
plein (rempli)	fuld	['ful']
poli (adj)	høflig	['høfli]
possible (adj)	mulig	['mu:li]

précis, exact (adj)	eksakt, præcis	[ɛk'sakt], [pɐɛ'si' s]
principal (adj)	hoved-	['ho:əð-]
principal (idée ~e)	hoved-	['ho:əð-]
probable (adj)	sandsynlig	[san'sy'nli]
propre (chemise ~)	ren	['ɐɛ'n]
public (adj)	offentlig	['ʌfəntli]

rapide (adj)	hurtig	['hoɐ̯ti]
rare (adj)	sjælden	['ɕɛlən]
risqué (adj)	risikabel	[ɐisi'kæ'bəl]
sale (pas propre)	snavset	['snɑwsəð]

similaire (adj)	lignende	['li:nənə]
solide (bâtiment, etc.)	solid, holdbar	[so'lið'], ['hʌlˌbɑ']
spacieux (adj)	rummelig	['ʁɔməli]
spécial (adj)	speciel	[spe'ɕɛl']
stupide (adj)	dum	['dɔm']
sucré (adj)	sød	['søð']
suivant (vol ~)	næste	['nɛstə]
supplémentaire (adj)	yderligere	['yðʌˌli'ʌʌ]
surgelé (produits ~s)	frossen	['fʁɔsən]
triste (regard ~)	trist	['tʁist]
vide (bouteille, etc.)	tom	['tʌm']
vieux (bâtiment, etc.)	gammel	['gɑməl]

28. Les verbes les plus utilisés. Partie 1

accuser (vt)	at anklage	[ʌ 'anˌklæ'jə]
acheter (vt)	at købe	[ʌ 'kø:bə]
aider (vt)	at hjælpe	[ʌ 'jɛlpə]
aimer (qn)	at elske	[ʌ 'ɛlskə]
aller (à pied)	at gå	[ʌ 'gɔ']
allumer (vt)	at tænde	[ʌ 'tɛnə]
annoncer (vt)	at meddele	[ʌ 'mɛðˌde'lə]
annuler (vt)	at aflyse, at annullere	[ʌ 'awˌly'sə], [ʌ anu'le'ʌ]
appartenir à ...	at tilhøre ...	[ʌ 'telˌhø'ʌ ...]
attendre (vt)	at vente	[ʌ 'vɛntə]
attraper (vt)	at fange	[ʌ 'faŋə]
autoriser (vt)	at tillade	[ʌ 'teˌlæ'ðə]
avoir (vt)	at have	[ʌ 'hæ:və]
avoir confiance	at stole på	[ʌ 'sto:lə pɔ']
avoir peur	at frygte	[ʌ 'fʁœgtə]
battre (frapper)	at slå	[ʌ 'slɔ']
boire (vt)	at drikke	[ʌ 'dʁɛkə]
cacher (vt)	at gemme	[ʌ 'gɛmə]
casser (briser)	at bryde	[ʌ 'bʁy:ðə]
cesser (vt)	at stoppe, at slutte	[ʌ 'stʌpə], [ʌ 'slutə]
changer (vt)	at ændre	[ʌ 'ɛndʁʌ]
chanter (vi)	at synge	[ʌ 'søŋə]
chasser (animaux)	at jage	[ʌ 'jæ:jə]
choisir (vt)	at vælge	[ʌ 'vɛljə]
commencer (vt)	at begynde	[ʌ be'gøn'ə]
comparer (vt)	at sammenligne	[ʌ 'samənˌli'nə]
comprendre (vt)	at forstå	[ʌ fʌ'stɔ']
compter (dénombrer)	at tælle	[ʌ 'tɛlə]
compter sur ...	at regne med ...	[ʌ 'ʁɑjnə mɛ ...]
confirmer (vt)	at bekræfte	[ʌ be'kʁaftə]

connaître (qn)	at kende	[ʌ ˈkɛnə]
construire (vt)	at bygge	[ʌ ˈbygə]
copier (vt)	at kopiere	[ʌ koˈpjeˀʌ]
courir (vi)	at løbe	[ʌ ˈløːbə]

coûter (vt)	at koste	[ʌ ˈkʌstə]
créer (vt)	at oprette, at skabe	[ʌ ˈʌbˌʁatə], [ʌ ˈskæːbə]
creuser (vt)	at grave	[ʌ ˈgʁɑːvə]
crier (vi)	at skrige	[ʌ ˈskʁiːə]
croire (en Dieu)	at tro	[ʌ ˈtʁoˀ]
danser (vi, vt)	at danse	[ʌ ˈdansə]

décider (vt)	at beslutte	[ʌ beˈslutə]
déjeuner (vi)	at spise frokost	[ʌ ˈspiːsə ˈfʁɔkʌst]
demander (~ l'heure)	at spørge	[ʌ ˈspœɐ̯ʌ]
dépendre de …	at afhænge af …	[ʌ ˈɑwˌhɛŋˀə a …]
déranger (vt)	at forstyrre	[ʌ fʌˈstyɐ̯ʌ]
dîner (vi)	at spise aftensmad	[ʌ ˈspiːsə ˈɑftənsˌmað]

dire (vt)	at sige	[ʌ ˈsiː]
discuter (vt)	at diskutere	[ʌ diskuˈteˀʌ]
disparaître (vi)	at forsvinde	[ʌ fʌˈsvenˀə]
divorcer (vi)	at blive skilt	[ʌ ˈbliːə ˈskelˀt]
donner (vt)	at give	[ʌ ˈgiˀ]
douter (vt)	at tvivle	[ʌ ˈtviwlə]

29. Les verbes les plus utilisés. Partie 2

écrire (vt)	at skrive	[ʌ ˈskʁiːvə]
entendre (bruit, etc.)	at høre	[ʌ ˈhøːʌ]
envoyer (vt)	at sende	[ʌ ˈsɛnə]
espérer (vi)	at håbe	[ʌ ˈhɔːbə]
essayer (de faire qch)	at forsøge	[ʌ fʌˈsøˀjə]

éteindre (vt)	at slukke	[ʌ ˈslɔkə]
être absent	at være fraværende	[ʌ ˈvɛːʌ ˈfʁɑˌvɛˀʌnə]
être d'accord	at samtykke	[ʌ ˈsamˌtykə]
être fatigué	at blive træt	[ʌ ˈbliːə ˈtʁat]
être pressé	at skynde sig	[ʌ ˈskønə saj]

étudier (vt)	at studere	[ʌ stuˈdeˀʌ]
excuser (vt)	at undskylde	[ʌ ˈɔnˌskylˀə]
exiger (vt)	at kræve	[ʌ ˈkʁɛːvə]
exister (vi)	at eksistere	[ʌ ɛksiˈsteˀʌ]
expliquer (vt)	at forklare	[ʌ fʌˈklɑˀɑ]

faire (vt)	at gøre	[ʌ ˈgœːʌ]
faire le ménage	at rydde op	[ʌ ˈʁyðə ʌp]
faire tomber	at tabe	[ʌ ˈtæːbə]
féliciter (vt)	at gratulere	[ʌ gʁɑtuˈleˀʌ]

fermer (vt)	at lukke	[ʌ 'lɔkə]
finir (vt)	at slutte	[ʌ 'slutə]
garder (conserver)	at beholde	[ʌ be'hʌl'ə]
haïr (vt)	at hade	[ʌ 'hæːðə]
insister (vi)	at insistere	[ʌ ensi'ste'ʌ]
insulter (vt)	at fornærme	[ʌ fʌ'næɐ'mə]
interdire (vt)	at forbyde	[ʌ fʌ'by'ðə]

inviter (vt)	at indbyde, at invitere	[ʌ 'en.by'ðə], [ʌ envi'te'ʌ]
jouer (s'amuser)	at lege	[ʌ 'lɑjə]
lire (vi, vt)	at læse	[ʌ 'lɛːsə]
louer (prendre en location)	at leje	[ʌ 'lɑjə]
manger (vi, vt)	at spise	[ʌ 'spiːsə]

manquer (l'école)	at forsømme	[ʌ fʌ'sœm'ə]
mépriser (vt)	at foragte	[ʌ fʌ'ɑgtə]
montrer (vt)	at vise	[ʌ 'viːsə]
mourir (vi)	at dø	[ʌ 'dø']
nager (vi)	at svømme	[ʌ 'svœmə]

naître (vi)	at fødes	[ʌ 'føːðəs]
nier (vt)	at fornægte	[ʌ fʌ'nɛgtə]
obéir (vt)	at underordne sig	[ʌ 'ɔnʌ.ɒ'dnə sɑj]
oublier (vt)	at glemme	[ʌ 'glɛmə]
ouvrir (vt)	at åbne	[ʌ 'ɔːbnə]

30. Les verbes les plus utilisés. Partie 3

pardonner (vt)	at tilgive	[ʌ 'tel.gi']
parler (vi, vt)	at tale	[ʌ 'tæːlə]
parler avec ...	at tale med ...	[ʌ 'tæːlə mɛ ...]
participer à ...	at deltage	[ʌ 'del.tæ']
payer (régler)	at betale	[ʌ be'tæ'lə]
penser (vi, vt)	at tænke	[ʌ 'tɛŋkə]

perdre (les clefs, etc.)	at tabe, at miste	[ʌ 'tæːbə], [ʌ 'mestə]
plaire (être apprécié)	at kunne lide	[ʌ 'kunə 'liːðə]
plaisanter (vi)	at spøge	[ʌ 'spøːjə]
pleurer (vi)	at græde	[ʌ 'gʁaːðə]
plonger (vi)	at dykke	[ʌ 'døkə]
pouvoir (v aux)	at kunne	[ʌ 'kunə]

pouvoir (v aux)	at kunne	[ʌ 'kunə]
prendre (vt)	at tage	[ʌ 'tæ']
prendre le petit déjeuner	at spise morgenmad	[ʌ 'spiːsə 'mɔːɒn.måð]
préparer (le dîner)	at lave	[ʌ 'læːvə]
prévoir (vt)	at forudse	[ʌ 'foʊð.se']
prier (~ Dieu)	at bede	[ʌ 'be'ðə]
promettre (vt)	at love	[ʌ 'lɔːvə]
proposer (vt)	at foreslå	[ʌ 'fɔːɒ.slɔ']

prouver (vt)	at bevise	[ʌ be'vi'sə]
raconter (une histoire)	at fortælle	[ʌ fʌ'tɛl'ə]
recevoir (vt)	at modtage	[ʌ 'moð̩tæ']

regarder (vt)	at se på ...	[ʌ 'se' pɔ' ...]
remercier (vt)	at takke	[ʌ 'takə]
répéter (dire encore)	at gentage	[ʌ 'gɛn̩tæ']
répondre (vi, vt)	at svare	[ʌ 'svɑːɑ]
réserver (une chambre)	at reservere	[ʌ ʁɛsæɡ've'ʌ]
rompre (relations)	at afbryde	[ʌ 'ɑw̩bʁy'ðə]

s'asseoir (vp)	at sætte sig	[ʌ 'sɛtə sɑj]
sauver (la vie à qn)	at redde	[ʌ 'ʁɛðə]
savoir (qch)	at vide	[ʌ 'viːðə]
se battre (vp)	at slås	[ʌ 'slʌs]
se dépêcher	at skynde sig	[ʌ 'skønə sɑj]
se plaindre (vp)	at klage	[ʌ 'klæːjə]

se rencontrer (vp)	at mødes	[ʌ 'møːðəs]
se tromper (vp)	at tage fejl	[ʌ 'tæ' fɑj'l]
sécher (vt)	at tørre	[ʌ 'tœɡʌ]
s'excuser (vp)	at undskylde sig	[ʌ 'ɔn̩skyl'ə sɑj]
signer (vt)	at underskrive	[ʌ 'ɔnʌˌskʁi'və]

sourire (vi)	at smile	[ʌ 'smiːlə]
supprimer (vt)	at slette, at fjerne	[ʌ 'slɛtə], [ʌ 'fjæɡnə]
tirer (vi)	at skyde	[ʌ 'skyːðə]
tomber (vi)	at falde	[ʌ 'falə]
tourner (~ à gauche)	at svinge	[ʌ 'sveŋə]
traduire (vt)	at oversætte	[ʌ 'ɒwʌˌsɛtə]

travailler (vi)	at arbejde	[ʌ 'ɑːˌbɑj'də]
tromper (vt)	at snyde	[ʌ 'snyːðə]
trouver (vt)	at finde	[ʌ 'fenə]
tuer (vt)	at dræbe, at myrde	[ʌ 'dʁɛːbə], [ʌ 'myɡdə]
vendre (vt)	at sælge	[ʌ 'sɛljə]

venir (vi)	at ankomme	[ʌ 'an̩kʌm'ə]
vérifier (vt)	at tjekke	[ʌ 'tjɛkə]
voir (vt)	at se	[ʌ 'se']
voler (avion, oiseau)	at flyve	[ʌ 'flyːvə]
voler (qch à qn)	at stjæle	[ʌ 'stjɛːlə]
vouloir (vt)	at ville	[ʌ 'vilə]